KB210700

I'M NOTHING
나는 아무것도 아닙니다

I'M NOTHING

나는 아무것도 아닙니다

마이클 오 지음

배응준 옮김

규장

이 책을

아버지와 어머니께 바칩니다.

저를 위한 부모님의 모든 희생을 갚을 길은 없지만

천국에서 그 분들의 상급이 크실 것입니다.

주님께 감사를 드립니다.

제 삶은 부모님의 삶을 노래합니다.

사랑합니다.

당신의 아들, 마이클

제가 마이클 오 목사님을 처음 만난 것은 1997년 안식년을 맞아 트리니티 복음주의신학대학교(Trinity Evangelical Divinity School)에 겸임교수로 있을 때였습니다. 어느 날 채플이 끝나고 학생회 전체 모임이 있었습니다. 그런데 그 회의를 진행하고 있는 한 동양인 학생을 보고 놀랐습니다. 완벽한 영어로 회의를 매우 잘 진행하고 있어서 저는 끝까지 회의를 참관했습니다.

회의가 끝나자 저는 그 학생에 대해 궁금해졌습니다. 그런데 놀랍게도 그 학생이 한국계 학생이라는 것입니다. 중국인이나 일본인이 아닐까 생각하고 있던 터라 더 놀랐습니다. 한국인 2세라는 말에 저는 정말 기뻤습니다. 그는 졸업 후 하버드에 가서 공부할 것이며 그 이후에는 일본으로 선교를 간다고 했습니다. 그가 바로 '마이클 오'였습니다.

저는 마이클에 대한 관심이 컸습니다. 일본에 신학교를 세우고 최연소 국제로잔운동의 이사로 몇 년을 섬겼는데, 하루는 저를 찾아와서 국제로잔의 대표로 추대되었다면서 일주일 후면 공식 발표가 날 거라고 했습니다. 저는 정말 기뻤습니다. 마이클의 책을 읽으면서 그의 순수하고 깨끗한 사랑을 느꼈고 복음에 대한 열정을 보았습니다. 하나님께서 한국 디아스포라를 축복하셔서 그를 국제로잔의 대표를 세워주셨습니다. 한국 교회와 한국 디아스포라가 세계를 섬기는 기회가 온 것입니다. 이 책을 함께 읽고 함께 기도하며 세계를 섬기는 것에 모두 동참해주시기 바랍니다.

김상복 횃불트리티신학대학원대학교 총장, 전 세계복음주의연맹(WEA) 회장

마이클 오 목사님은 복음을 향한 뜨거운 열정으로 열방을 섬기는 하나님의 종입니다. 순수한 모습으로 하나님의 얼굴을 구하는 마이클 오 목사님을 오랜 시간 교제하며 경험했습니다. 그를 통해 놀라운 일을 행하신 하나님의 은혜와 자비를 분명하게 증거하고 있는 이 책을 적극 추천합니다.

김승욱 할렐루야교회 담임목사

국제로잔운동 총재인 마이클 오, 그를 만날 수 있는 기회가 최근에 세 번 있었습니다. 첫 번째는 '2013 다시 복음 앞에' 대회 강사 요청 건으로, 두 번째는 '2013 다시 복음 앞에 오직 성경으로!' 대회 3일 간이고, 그리고 세 번째로 그의 책을 통해서입니다. 세 번 모두 여름날 냉수를 단숨에 들이킨 듯한 시원함이 느껴졌습니다. 예수님을 위해 '아무것도 아닌 한 사람'이 된 그가 주님을 위한 위대한 승부에 두려움 없이 뛰어드는 것은 용기라기보다는 그를 부르신 주님을 믿는 믿음이라 함이 옳을 것입니다.
"나이기 때문이 아니다. 나임에도 불구하고!"
복음을 존중히 여기고 생명보다 더 나은 하나님의 십자가 사랑에 예수 그리스도만을 전부로 여기는 그의 삶을 통해 섞이지 않은 주의 향기를 맡습니다. 문화충격, 세대차이, 지성주의, 정치색 따위는 복음 앞에 순전하고 담백하게 생명으로 반응하는 영혼에게 전혀 맥을 쓸 수 없음을 확인합니다. 로잔운동의 미래로 마이클 오를 선택한 존 파이퍼, 그리고 로잔인사위원회의 만장일치 결정을 들으며 로잔운동의 미래를 가늠해 볼수가 있었습니다. 하나님의 위대한 손길을 한국어로 맛깔스럽게 전달해준 번역 때문에 걸릴 것 없이 시원하게 맛보게 된 이 책을 복음기도동맹군들에게 기쁘게 추천합니다.

김용의 순회선교단 대표

●●

마이클 오 목사님은 탁월한 리더십과 섬김의 자세로 세계적 복음주의 운동인 국제로잔운동을 이끌고 있는 영적 지도자인 동시에 일본의 잃어버린 영혼들을 그리스도께로 인도하기 위해 헌신하고 있는 귀한 선교사님이기도 합니다. 목사님의 피땀 어린 수고와 국제로잔운동의 사역을 통해 세계 복음화의 역사가 더욱 확장됨으로써 아직 복음을 듣지 못한 10/40창의 6억9천만 명의 미전도 종족이 하루 속히 주님께로 돌아오는 역사가 일어나기를 기도합니다. 또한 이 책을 통해 많은 그리스도인들이 목사님의 삶과 사역 가운데 순간순간 역사해주신 하나님을 경험하고, 각자의 삶의 자리에 하나님의 다스리심이 임하게 하는 그리스도를 닮은 '작은 예수'로 거듭날 수 있기를 바랍니다.

이영훈 여의도순복음교회 담임목사

●●

국제로잔운동의 최연소 총재, 일본의 그리스도성서신학교 설립자인 마이클 오 목사님의 자기고백적인 글은 제게 신선한 충격을 주었습니다. 예수님을 위해 '아무것도 아닌 사람'이 되라는 그의 메시지는 세상의 최고 가치로 여겨지는 일류, 일등과는 거리가 멀기 때문입니다. 이 책은 예수 그리스도를 통해 하나님의 은혜 안에서 발견할 수 있는 희망에 이르기까지 그가 걸었던 길과 그 뒤에 지금까지 걸어오고 있는 여정에 관한 이야기입니다. 또한 그리스도인조차도 세상이 말하는 행복의 조건이 어느 정도 갖춰져야 행복할 수 있다고 생각하는 이 시대에 던지는 명쾌하고도 깊은 통찰이자 선포입니다.

이찬수 분당우리교회 담임목사

●●

저자인 마이클 오 국제로잔운동 총재를 처음 만났을 때 사실 무척 놀랐습니다. 빌리 그레이엄과 존 스토트 등 믿음의 거성들이 주도하고 전개한 로잔운동의 수장에 40대 초반의 한국인이 올랐다는 사실이 경이로웠고 뿌듯했습니다. 그와 대화하면서 하나님에 대한 철저한 헌신, 인생의 궁극적 소명에 대한 확신, 그리고 '그 길'(The Way)을 향한 열정이 느껴졌습니다. 국제로잔의 총재라는 놀라운 직은 오직 하나님을 향한 '직선 인생'을 살았던 결과물일 것입니다.

이 책을 통해서 저자는 참된 행복을 이야기합니다. 누구나 부러워할 만한 탄탄한 스펙, 활기 넘치는 40대의 건강한 육체, 조화로운 가정 등 주변 여건들이 결코 행복의 필요충분조건이 아님을 강조합니다. 행복은 오직 인생의 주인이신 그분을 통해서 주어지는 것임을, 그는 삶을 통해 말하고 있습니다. '행복'이란 한글을 영어 타자로 치면 'Godqhr'이 됩니다. 'God'(하나님)으로 인한 것이 아닐 때, 지금 누리는 모든 것은 환영의 거미줄과 같은 것이 될 수 있음을 저자는 주장합니다. 행복은 하나님을 만나고, 경험하며, 그 뜻대로 살게 될 때 조건과 상관없이 오게 되는 것임을, 그래서 자신이 고백할 유일한 말은 '나는 아무것도 아닙니다'(I am nothing)라는 한 문장뿐임을 강조합니다. 개인적으론 청소년들과 청년들이 이 책을 읽기 바라는 마음이 간절합니다. 동양문화권에 속한 우리는 모든 것을 너무나 늦게 시작하는 경향이 있습니다. 그러나 하나님께 뜻을 정하고 그 길을 걸어간다면 '일찍부터' 마음껏 쓰임 받는 인생이 될 수 있다는 사실을 저자는 보여주고 있습니다. '곡선인생'이 아니라 끝없이 우상향하는 믿음의 '직선인생'을 살기 소망하는 분들께도 일독을 권합니다.

이태형 《더 있다》, 《인생에서 가장 소중한 것》의 저자

●●

이 책은 마이클 오의 삶 속에 일하신 하나님의 은혜에 대한 감사의 고백입니다. 그리고 지금도 일하고 계신 하나님에 대한 찬양이며, 앞으로도 여전히 동행하시며 일하실 하나님에 대한 기대와 믿음의 간구입니다. 그가 전하는 진정한 희망, 지속적인 희망, 더할 나위 없는 만족을 주는 희망의 고백을 통해 희망을 잃은 시대 가운데에서 새로운 희망을 찾고 일어서게 되는 하나님의 은혜가 가득하게 될 것입니다.

진재혁 지구촌교회 담임목사

제가 마이클 오 목사님처럼 다섯 명의 어린 자녀가 있고 예수님을 사랑하는 만큼 일본의 선교사로서 살기 위해 자녀들을 데리고 무기한으로 일본에 가야 한다면 제게 있어서는 요나의 이야기가 남의 일 같지 않게 느껴졌을 것입니다. 그러나 마이클 오 목사님의 가족들은 지금 일본 나고야에 있습니다. 마이클 오 목사님과 그의 가족들을 통해 하나님께서 기뻐하시는 거룩한 산 제사로 살아가는 모습이 무엇인지 본을 보여주시고 격려해주심에 감사를 드립니다. 보이는 대로가 아닌 믿음대로 살아가길 진정 원하는 사람들이라면 반드시 읽어야 할 책입니다.

데이빗 황 쥬빌리교회 담임목사(가수 팀의 형)

마이클 오 목사님을 알고 함께 사역해온 몇 년 동안은 제게 축복이었습니다. 열방과 일본에 복음을 전하는 사명에 대한 마이클 오 목사님의 마음은 예수님께서 보이신 마음 그대로를 아름답게 보여주고 있습니다. 하나님께서 마이클 오 목사님을 통해 예수님께서 주신 지상 최대의 명령을 감당하도록 전 세계적으로 교회를 집결시키는 국제로잔운동으로 더 큰 기반을 만들어가시는 것을 보고 저는 큰 격려를 받았습니다. 마이클 오 목사님과 국제로잔이 함께 세계 복음전도를 위해 더 좋은 일을 이루어가며, 주님께 더욱 큰 영광을 드리는 모습을 보길 기대합니다!

에디 변 온누리교회 영어예배(OEM) 리드목사

contents

PART 3

나는 예수를 위해
잊혀진 사람이 되고 싶습니다

아무것도 아닌
인생에서 찾은 희망

세 가지 비밀

내 이름은 마이클 오(오영석)이다. 나는 아무것도 아닌 사람이다. 그
래도 나는 괜찮다. 어쩌면 당신은 내가 대단한 사람이라고 생각할지
모르고, 다른 사람들도 그렇게 말할지 모른다. 사람들은 많은 이유들
을 증거로 제시할 것이다.

"마이클 오는 대학과 대학원 학위가 다섯 개야!"

"그중 네 개는 아이비리그(미국 동부의 8개 명문 대학)에서 받은 거야!"

"그는 세계에서 가장 영향력 있는 운동의 하나인 '국제로잔운동'(The
Lausanne Movement, 1974년 존 스토트, 빌리 그레이엄 목사 등의 주도로 시
작된 세계 복음화를 위한 복음주의 선교운동)의 총재이면서 이사장이야!"

"그는 하버드를 나왔어!"

14

"그는 박사학위를 갖고 있어!"

"그는 분명 행복할 거야!"

유명한 수학자 파스칼은 행복에 관해 이렇게 말했다.

"모든 사람들은 행복을 추구한다. 예외가 없다. 방법은 다양하지만 모두가 그 목표를 향해 나아간다. 전쟁에 나가는 사람들과 전쟁을 회피하는 사람들의 동기가 서로 다를 수 있지만 그들 안에 있는 욕구는 동일하다. 인간의 의지는 이 목표가 아니면 단 한 발짝도 떼지 않는다. 이것이 인간의 모든 행위의 목적, 심지어 목을 매어 죽는 사람들의 행위의 목적이다."

매우 타당한 말이다. 파스칼의 이런 말은 대부분의 사람들이 추구하고 있는 것들을 정확히 담아내고 있다. 행복해지고, 희망을 갖게 되며, 좋은 인생을 사는 것!

나는 지금 가족들과 일본에서 살고 있다. 일본에서는 여성들이 세 가지 높은 것(三高)을 기준으로 배우자를 고른다는 말이 있다. 그것은 높은 교육(일류 대학을 나온 남자와 결혼하는 것)과 높은 연봉(돈이 많은 남자와 결혼하는 것)과 높은 신장(키 큰 남자와 결혼하는 것)이다. 또 일본의 사원에는 소원을 적은 종이가 붙어 있는데 대부분이 자신의 성공이나 자녀 교육, 일상의 행복과 건강을 염원하는 것들이다.

이는 내 인생의 여정에도 정확히 해당된다. 나는 고등학교 시절 매년마다 새해 소망과 기도를 일기장에 기록했다. 1학년 때는 '하버드에

들어가서 여자친구를 사귀고 키가 183센티미터까지 크는 것'이라고
적었다. 그러나 해가 갈수록 내 소망은 점점 더 흐릿해지고 기대가 바
뀌었다.

2학년 때는 하버드나 예일이나 프린스턴에 들어가서 여자친구를 사
귀고 키가 180센티미터까지 크는 것이었고, 3학년이 되어서는 아이비
리그 중 아무 데나 들어가 친구가 될 수 있는 여학생을 사귀고 키가
177센티미터까지 크는 것이었다. 그러나 고등학교를 졸업할 때가 되
어서는 아무 대학이든 들어가 나를 죽도록 싫어하지 않는 여학생을
사귀고 세상에서 가장 작지 않을 만큼만 키가 크는 것으로 바뀌었다.

물론 마지막 내용은 약간의 과장을 섞은 것이다. 하지만 시간이 지
날수록 좋은 삶을 영위할 가망성이 점점 낮아지고 있다는 것을 내가
얼마나 절감했는지 이해할 수 있을 것이다.

행복의 비법

희망이 넘치는 좋은 인생으로 향하는 세 가지 비밀(교육, 행복, 건강)
에 관한 이런 관점들은 일본이나 그 외 아시아 어디에서든 어렵지 않
게 만날 수 있다. 특히 일본인들의 교육열은 세계적으로도 유명하다.
일본의 '쿄이쿠 마마'(Kyoiku Mama, 자녀 교육에 극성을 떠는 엄마들을 빈
정대는 말)와 믿기 어려우리만치 치열한 입시경쟁은 정말 입이 딱 벌어

질 정도로 놀랍다. 도쿄대나 서울대, 하버드대에 들어가는 게 행복의 열쇠로 간주된다. 그래서 꿈꿔왔던 대학에 들어가지 못한 젊은이들은 살아갈 희망을 잃고 자신의 삶을 놓아버리는 경우도 많다.

어느 해에 젊은이들을 상대로 장래희망에 대해 인터뷰한 장면을 TV에서 본 적이 있다. 인터뷰에 응한 젊은이들 가운데 많은 이들이 "행복해지고 싶어요!"라고 말했다. 많은 사람들은 사랑하는 사람을 만나 연애하고 결혼하는 게 진정한 행복이라고 생각한다. 사람들은 옛날이야기 같은 행복한 결혼과 가정생활의 해피엔딩을 갈망한다.

또한 어떤 여성잡지든 들춰만 봐도 여성들이 원하는 게 무엇인지 쉽게 알아낼 수 있다. 그것은 젊고 아름답게 보이는 것이다. 솔직히 나는 나이가 좀 더 들어 보이면 좋겠다는 생각을 한 적이 있다. 나이를 매우 중요시하는 유교 문화권의 아시아에서 사역하는 지도자로서 가뜩이나 젊은 나이에 국제적인 사역기관의 대표 자리를 맡고 있는데 실제 나이에 비해 훨씬 더 어려보이는 게 이만저만한 도전이 아니기 때문이다.

많은 일본인들이 내게 질문하곤 했다.

"혹시 대학생인가요, 몇 학년이죠?"

요즘도 종종 그런 일들이 일어난다. 그래서 이 책을 읽고 있는 당신 역시도 궁금히 여기고 있을 질문에 대답을 해주고 나서 다음으로 넘어가야 할 것 같다. 나는 1971년생이고, 아내도 나와 동갑이다. 그런데 마흔을 넘긴 나와 아내가 손을 잡고 거리를 걸으면 사람들은 우리를 대학생 커플인 줄 안다. '젊은 게 행복'이란 말이 있다. 그러나 젊은이들은 젊기 때문에 반드시 행복한 것은 아니라고 말할 것이다. 그리고 행복한 사람들 또한 젊음이나 젊게 보이는 것이 그들의 행복의 비결은 아니라고 말할 것이다.

사람들은 이렇게 행복과 희망을 발견하기 위한, 대단한 사람이 되기 위한 비법을 끊임없이 알고 싶어 한다.

아무것도 아닌 사람이지만 괜찮아

지금의 나는 고등학교 시절에 갈망했던 것만큼 똑똑하지도, 키가 크지도, 성공하지도 못했다. 부자도 아니다. 그냥 한 사람의 선교사이다. 그리고 설령 내가 고등학교 때 바랐던 만큼 키가 크고 똑똑하고 부유하고 성공했다 하더라도 그것이 나를 언제까지나 행복하게 만들어주지는 못했을 것이다. 나는 그런 아무것도 아닌 사람이다. 은혜로 구원받은 죄인일 뿐이다. 나는 수줍음이 많고 자신감도 없으며 무척 내향적이다. 그런데 어쩌다보니 큰 무대에 올라가게 되었다. 나는 깨지기 쉬운 그릇이다. 그런데 전능하신 하나님을 섬기도록 부르심을 받았다. 나는 그냥 작은 선교사이지만 크신 하나님을 섬기고 있다.

사실 이런 책을 쓰기에 나는 너무 젊다. 내가 자란 미국 문화권에서는 사람들이 나이가 들어 머리카락이 희끗희끗해지고 유명세를 타야 비로소 이런 글을 쓰는데, 나는 그중 어디에도 해당되지 않는다. 하지만 이런 글을 써보는 게 어떻겠냐는 권유를 받았을 때 동의한 데는 세 가지 이유가 있다.

먼저는 내가 증거해야 마땅한 하나님의 은혜에 관한 이야기들이 있기 때문이다. 그래서 이 책의 주인공은 하나님이시다. 각각의 이야기들의 주인공도 하나님이시다. 때로 나는 우리 아이들과 가정예배를 드릴 때 성경구절에 관해 두 가지 질문을 하곤 한다.

"이 구절에서 인간에 대해 무엇을 배울 수 있지?"

"하나님에 대해서는 무엇을 배울 수 있지?"

첫 번째 질문의 대답은 언제나 인간은 죄로 가득하고 연약하며 신실하지 못하다는 것으로 끝나고, 두 번째 질문의 대답은 언제나 하나님은 거룩하시고 능력이 충만하시며 신실하시다는 것으로 끝난다. 이제 이 책을 읽어나갈 당신도 각 장들이 이와 동일한 두 가지의 주제를 갖고 있다는 것을 발견하게 될 것이다.

이 글을 쓴 또 하나의 이유는 요즘 젊은이들에게 롤모델이 될 만한 훌륭한 인물들이 너무 없다는 말을 들었기 때문이다. 사실 그런 말을 처음 들었을 때는 피식 웃음이 나왔다. 내 이야기가 그들에게 귀감이 될 수 있을지 도무지 확신할 수 없었기 때문이다. 내 연약함과 죄에 대한 이야기들을 읽으면 그 이유를 이해할 것이다.

그러나 내 실수들과 하나님의 은혜, 즉 내 안에 있는 하나님의 은혜와 부족한 나인데도 불구하고 부어주신 하나님의 은혜가 나를 통해 젊은이들에게 깨달음과 힘을 주는 하나의 기회로 작용할 수 있다면 진정 기쁜 마음으로 내 이야기를 나눠야겠다고 생각했다.

이 책을 쓰기로 한 마지막 이유는 이 책을 통한 어떤 금전적인 이익도 내게 돌아오지 않을 것이기 때문이다. 우리 일곱 식구는 낡은 소형 승합차를 타고 다니고, 쿠폰을 꼬박꼬박 챙겨두었다가 사용하고, 심지어 맥도날드에서조차 물 이외에 다른 어떤 음료도 주문하지 않는 가난한 선교사 가족이다. 하지만 우리 가족에게는 한 가지 목표가 있다. 그것은 돈을 많이 벌거나 다섯 아이 모두가 미국의 아이비리그에 들어가는 것이나 우리 식구들이 박사 가족이 되거나 유명해지는 게 아니다.

우리 가족의 목표는 평생 동안 세계 선교를 위해 1백만 달러(한화 약 10억 원)를 헌금하는 것이다. 당연히 이 책의 모든 수익금은 일본 선교와 세계 선교를 후원하는 데 쓰일 것이다. 그래서 당신의 가족들과 친구들과 교회에 이 책을 추천해달라고 한 점 부끄러움 없이 권할 수 있다. 이 책이 젊은 사람들이든 나이 지긋하신 분들이든, 그리스도인이든 아니든 모든 이들에게 힘과 격려가 되기를 소망하며, 이 책의 메시지와 책을 통해 얻은 수익금을 통해 전 세계 많은 사람들에게 영향을 끼치게 되기를 기도한다.

그 공식의 문제점

이 책에 실린 이야기들은 희망을 향한 내 여정이다. 진정한 희망, 지속되는 희망, 더할 나위 없는 만족을 주는 희망에 대한 이야기다. 하지만 많은 사람들이 희망의 비결이라고 익숙하게 생각하고 있는 공식(일류 대학, 행복, 건강)에 대한 것은 아니다. 좋은 인생을 위한 그런 공식이 갖고 있는 문제는 일류 대학에 들어가거나 행복이나 건강을 얻기가 무지무지하게 어렵다는 것이다!

나는 하버드대학을 나왔지만 사실 학부를 나온 것은 아니다. 1지망으로 선택했던 프린스턴대학에는 들어가지도 못했다. 대신 아이비리그의 대학 중 미국에서 가장 역사가 오래된 펜실베이니아대학에 들어갔다. 나와 비슷한 좌절을 겪어본 적이 있는가? 부모님을 실망시키는 부끄러움 말이다. 사랑과 낭만을 통해 행복을 찾는 것 또한 TV 드라마나 영화가 믿게끔 만드는 것만큼 그렇게 쉽거나 순조롭지 않다.

초등학교 시절 길모퉁이에 앉아 있는데 친구가 자신의 부모님이 이혼했다고 말했던 게 기억난다. 그때 나는 엄청난 충격을 받았다. 오늘날 세계 많은 지역에서 이혼하는 부부의 비율이 결혼생활을 유지하고 있는 부부의 비율을 웃돌고 있다.

요즘 일본에서는 많은 사람들이 '가정 내 이혼'을 경험한다고 한다. 법적으로는 부부로 함께 살고 있지만 사랑도 마음의 소통도 없다. 행복을 얻을 수 있다는 엄청난 기대와 희망으로 결혼하지만 결국 꿈에서 깨어나 자신들의 희망이 산산이 부서지는 것을 경험하는 부부들이 얼마나 많은지….

건강도 마찬가지다. 매년 피부 탄력은 떨어지고, 내 몸도 지구 중력에 더 강하게 끌려가고 있는 것 같은 느낌을 받는다. 서른이 넘은 사람들이라면 익히 알고 있을 것이다. 그것은 마치 10년 된 낡은 자동차를 모는 것과 같다. 새 차로 바꿀 수 있다는 희망도 갖지 못한 채 '다음에는 어디가 고장 나서 속을 썩일까' 생각하며 그저 앉아서 기다릴 수밖에 없다. 나는 지난 10년 동안 어깨 재활 훈련과 눈과 귀와 목의 질병을 포함하여 여러 가지 건강 문제와 맞서 싸웠다. 잘 보지도 듣지도 말하지도 못하는 사람이 좋은 선교사가 되기란 여간 어려운 게 아니기 때문이다.

좋은 인생을 위해서는 명문 대학이나 행복이나 건강이 꼭 필요하다는 공식이 갖고 있는 또 다른 문제는 그것을 성취한 사람들조차도 깊이 혹은 지속적으로 만족하지 못한다는 점이다. 참 아이러니하게도 꿈꾸던 대학에 들어가지 못해 안타까운 선택을 하는 젊은이들도 많지만, 몇몇 젊은이들은 꿈꾸던 대학에 합격을 하고서도 그런 선택을 한다는 것이다. 따라서 우리는 이렇게 묻지 않을 수 없다.

"인생이라고 불리는 이 모든 건 그 누구도 이길 수 없는 절망적인 게임인가? 우리는 세상에 태어나 평범한 삶을 살기 위해서 발버둥치고, 육신이 서서히 무너져 내리는 것을 주목하고, 자신을 실망시켰던 인생의 모진 구석들을 동일하게 겪는 자녀들을 지켜보면서 마침내 죽게 될 것인가?"

그러나 인생과 희망에 관한 또 다른 해결책이나 설명은 언제나 있어 왔다. 이 책은 예수 그리스도를 통해 하나님의 은혜 안에서 발견할 수 있는 희망에 이르기까지 한 인간이 걸었던 길과 그 희망을 체험한 뒤에 지금까지 걸어오고 있는 길에 관한 이야기다.

이것은 아무것도 아닌 나를 통해 역사하신 하나님의 은혜에 대한 이야기이다.

마이클 오

I'M

PART 1

나는 아무것도
아닌 사람입니다

NOTHING

사랑 찾아 헤매는 마음

CHAPTER

사랑을 갈망하는 아이

어릴 때 나는 자주 피곤해했다. 신체적 피로를 말하는 게 아니다. 나는 건강했다. 그러나 정서적으로 매우 지쳐 있었다. 바이올린 교습을 받으러 가는 길에는 자동차 뒷좌석에 앉아 늘 꾸벅꾸벅 졸았다. 집에서 교습소까지의 거리가 자동차로 5분밖에 되지 않는데도 말이다. 태권도 연습을 하기 전에도 연신 하품을 해댔다. 잠이 부족해서가 아니었다. 단지 내 마음이 지쳤을 뿐이었다. 나는 최고가 되려는 경쟁에, 주변의 기대에 부응하고자 애쓰는 일들에 지쳤다. 다른 아이들과는 뭔가 달라야 한다는 생각도, 주변 사람들을 자꾸 실망시키는 나 자신도 힘겨웠다. 내가 바르지 못한 행동을 한 것은 주변에 모르는 사람이 없었지만, 반대로 착한 일을 했을 때는 아무런 인정도 받지 못했다. 이런 일들이 반복되면서 나는 너무나 지쳐 있었다.

내가 누구인지도, 앞으로 어떤 사람이 되기를 원하는지도 알지 못했지만 한 가지는 분명히 알고 있었다. 내가 행복하지 않다는 사실이었다. 그래서 내 청소년기는 희망과 행복을 발견하기 위한 여정 그 자체였다. 나는 그것을 스포츠에서 찾으려고 애썼다. 또 음악에서, 공부에서, 친구들에게서, 가족들에게서, 여학생들에게서 희망과 행복을 찾으려고 애썼다. 어떤 노랫말처럼 나는 '모든 엉뚱한 곳에서 사랑을 찾고' 있었다. 그래서 무척 피곤했고 갈 바를 알지 못했다. 하나님께서 내 안에서 은혜롭게 역사하시기까지는 그랬다.

비틀스는 노래했다.

"All we need is love(우리에게 필요한 모든 것은 사랑이에요)."

나도 성장하면서 그렇게 느꼈다. 그리고 때로 의아했다.

'사랑받아야 할 필요성과 사랑받고자 하는 욕구를 그 시절의 나처럼 절실하게 느낀 사람이 세상에 또 있을까?'

성장기의 나는 날마다 새로 생긴 상처처럼 욱신욱신 쑤셔대는 큰 구멍을 가슴에 안고 땅 위를 돌아다니고 있는 것 같았다. 게다가 나를 더 사랑해주거나 좋아해주는 사람들보다는 내가 더 사랑하거나 좋아하는 사람들에게 둘러싸여 있는 것 같아 더 쓰리고 아팠다. 물론 그것은 실제가 아니라 느낌이었지만, 그 고통은 이루 말할 수가 없었다. 특히 학교에서 더 그랬다.

'다른 아이들이 나를 기쁘게 해주려고 애쓰는 것보다 내가 다른 아이들의 비위를 맞추려고 애쓰는 것처럼 느껴지는 까닭이 무엇일까?'

마치 내가 주의를 끌기 위해 다른 사람들의 발치에서 폴짝폴짝 뛰어오르는 가련한 강아지가 된 것만 같았다. 친구들에게서도 그런 느낌을 받았다. 시원시원한 성격에 자신감도 넘쳐 다른 아이들의 시선에 전혀 아랑곳하지 않는 친구들을 볼 때마다 정말 부러웠다. 물론 그런 친구들의 아랑곳하지 않음을 당하는 '다른 아이들'의 하나가 바로 나라는 사실이 무척이나 가슴 아팠지만 말이다.

가족들에게도 그런 느낌을 받았다. 특히 누나를 대할 때면 내가 진짜 강아지가 되는 것 같았다. 누나에게 관심을 얻어내는 것은 인색하기 짝이 없는 모진 주인에게서 귀한 사료 한 톨을 얻어내는 것과 다르지 않았다.

그리고 학교에서는 여자아이들에게 그런 느낌을 받았다. 나는 어느 때든지 좋아하는 여자아이들이 서너 명씩은 꼭 있었다. 물론 그 아이들은 서로 맹세라도 한 듯 모두 나를 좋아하지 않았다. 나는 그 이유를 '내가 아시아인이고 그 아이들이 진짜 미국인이기 때문'이라고 간단히 일축해버렸고, 미국 여자아이들이 아시아계 남자아이에게 매료되지는 않을 거라는 내 분석이 매우 타당하다고 생각했다. 하지만 단지 그런 이유로 그 아이들이 나를 좋아하지 않는 거라고 전적으로 확신할 수도 없었다.

열한 살인가 열두 살의 어느 날 밤, 나는 누나의 방을 찾아갔다. 마음에 담고 있는 질문을 언제 꺼낼까 주저하면서 누나의 침대 위에 앉아 미적대다가 마침내 물었다.

"티나 누나, 우리가 만약에 한국에서 살고 있다면 내가 여자아이들한테 인기가 있을 거 같아?"

그때 누나가 무엇이라고 대답했는지 정확히 기억나지는 않지만 "어쩌면 그럴지도!"와 비슷한 대답을 했던 것 같다. 누나의 그런 평가가 정확한 것인지 확인할 수는 없었지만 설령 정확했다 해도 그리 큰 위안은 되지 못했다. 그렇게 사람들이 나를 좋아하는 것보다 내가 더 그들을 좋아하는 것처럼 느끼며 하나의 목표를 갖게 되었다.

미혼 여성 독자들은 그때 내가 가졌던 목표를 마음에 들어 하지 않을 것이다. 아니 마음에 들어 하면 안 된다. 그 목표란 바로 내가 사랑하는 것보다 더 나를 사랑해줄 여자아이를 찾는 것이었다. 정말 야무지고도 깜찍한 꿈이었다. 자매들이여! 그런 생각을 갖고 있는 청년은 절대 거들떠보지 말길…….

하지만 나는 내가 사랑하는 것보다 더 나를 사랑해주는 여자친구를 갖게 되면 내 안의 불안이 말끔히 해소될 거라고 생각했다. 또한 나를 숭배하며 떠받드는 한 여자의 사랑이 내 텅 빈 가슴의 만성적 통증을 진정시켜주고, 휑하니 뚫린 구멍을 메워줄 거라고 생각했다. 그러나 나는 그 공허함과 사랑의 갈망을 고등학교 졸업 때까지 그대로 가져가야만 했다.

아이스하키와 하버드 대학생

아시아계 미국인들에 관한 우스갯소리가 있다. 그들의 생활 방식이 모두 다 똑같다는 것이다. 우리는 다 열심히 공부한다. 그리고 반드시 바이올린이나 피아노를 배우거나 혹은 둘 다 배운다. 남자아이들은 다 무술을 배운다. 그런데 아이스하키는 아시아계 학생들이 즐기는 운동이 아니다. 나는 몇 가지 점에서는 아시아계 학생들의 전형적인 모습에 딱 들어맞지만 스포츠에 관해서만은 분명히 아니었다.

나는 만 네 살 때 지역신문 1면에 '승리의 견인차 마이클 오!'라는 타이틀로 아이스하키 선수로서 이름을 냈다. 사실 그전부터 당시 전성기를 구가하던 '필라델피아 플라이어스'(필라델피아의 프로 아이스하키팀)의 경기를 꼬박꼬박 챙겨보면서 아이스하키에 푹 빠져 있었다. 그러다가 만 세 살을 넘길 무렵에 피겨스케이팅 교습을 받고 있던 누나와 함께 스케이팅을 배우기 시작했다. 몇 차례의 스케이팅 교습이 끝나기 무섭게 선생님이 "너는 가서 아이스하키나 해!"라고 말씀하신 덕분에 아이스하키를 시작했다. 그리고 열여덟 살까지 스케이트를 탄 거리가 발로 걸은 거리보다 훨씬 더 길다.

175센티미터의 신장에 호리호리한 체격의 아시아계 고등학생 선수가 아이스하키라는 유난히 거친 스포츠에서 건장한 체격의 미국 고등학생 선수들과 당당히 경쟁하는 것을 가능케 한 것이 바로 스피드였다. 빠르게 빙판을 미끄러져 가로지르는 자유와 활기가 정말 좋았다. 그래서 만일 내가 쇼트트랙을 했다면 올림픽에 출전한 선수들 수준으로 할 수도 있지 않았을까 생각하곤 했다.

나는 성장하면서 프로 아이스하키 선수가 되리라 결심했고, 만일 그 꿈을 이루지 못하면 하키장에서 핫도그 장사라도 해야겠다고 생각했다. 그러면 적어도 모든 게임을 구경할 수는 있을 테니까. 나는 다섯 살부터 열여덟 살 때까지 어느 팀에 들어가든지 주장이 아니면 부

주장을 맡았고, 매년 여름을 아이스하키 훈련캠프에서 보냈다.

다섯 살 때 처음으로 캐나다에서 열린 일주일간의 캠프에 참가했다. 그것도 부모님과 떨어져 혼자서 말이다. 그때 같은 팀의 친구와 캠프에 갔는데 그 아이는 첫날부터 징징거렸다. 그래서 내가 친구에게 말했다.

"울지 마! 네가 자꾸 우니까 나도 울고 싶어지잖아…."

캠프가 시작되고 사흘 뒤, 그 아이는 자기 엄마, 아빠에게 전화하여 데리러 오라고 했고, 캠프를 떠났다. 하지만 나는 악착같이 버텼다.

마이클 호

우리 부모님은 매주 많은 연습과 경기를 위해 경기장까지 나를 태워다줘야 했다. 어떤 경기들은 우리 집에서 자동차로 서너 시간 거리에 있는 곳에서 열리기도 했고, 때로는 아침 6시에 시작되는 경기에 참가하기 위해 아버지와 새벽 4시 반에 집을 나서기도 했다. 한번은 새 유니폼에 내 이름 철자를 붙여야 하는데 어머니에게 부탁하는 것을 깜빡 잊었다. 당일 아침 경기장으로 출발하기 직전에야 생각이 났다.

"아… 맞다. 엄마! 유니폼에 내 이름을 붙여야 돼!"

어머니는 부랴부랴 이름표를 유니폼 등판에 달아주셨고, 아버지는 차를 황급히 몰아 나를 경기장에 데려다주셨다. 다행히 제 시간에 도착하여 장비를 착용하고 새 유니폼을 입고 빙판으로 나갔다. 그런데 내가 스케이트를 타기 시작하자 사람들이 수군거렸다.

"마이클 호?"

어머니는 너무 서둘다가 '오'(OH)의 철자 순서를 뒤바꿔 '호'(HO)라고 꿰맨 것이다.

프로선수가 되지 못한 이유

1987년 여름, '한미 올스타' 팀의 일원으로 한국에 갔다. 미국 북동부 시카고 부근에서 선발된 한국계 미국인 아이스하키 선수들이 주류를 이룬 팀이었다. 우리 팀은 승자진출권을 놓고 한국 청소년국가대표팀과 몇 차례의 경기를 했다. 한국의 KBS에서 몇몇 경기를 중계한 경기에서 우리 팀이 거의 대부분 이겼지만 한국의 아이스하키 수준이 발전하고 있는 것을 보니 왠지 모르게 가슴이 벅찼다.

한국계 미국인 선수들과는 처음으로 같이 뛰어본 경기였는데 그들의 실력에 깊은 인상을 받았다. 우리 팀에는 기량이 뛰어난 선수들이 몇몇 있었다. 지미 리는 북미아이스하키리그(NHL)에 진출할 가능성이 가장 높은 선수였다. 당시 가장 나이가 어렸던 열네 살의 리처드 박은 특히 기술이 뛰어나 나중에 NHL의 뉴욕 팀, 미네소타 팀과 필라델피아 팀 등에서 활약했다. 한국에 갔던 그때 나는 화려한 기교로 선보이며 경기하는 그를 보면서 팀 동료로서 뿌듯했다.

그러나 KBS 아나운서들이 관심을 보인 선수는 단 하나뿐이었다. 티미 리였다. 왜냐하면 그가 그해 9월에 하버드대학의 입학 허락을 받아놓은 상태였기 때문이다. 매번 그가 퍽(아이스하키의 검은 원반)을 건

드릴 때마다 아나운서들은 말했다.

"하버드에 합격한 티미 리가 바로 저 선수지요!"

"하버드에 합격한 선수가 퍽을 쳤습니다!"

"하버드의 티미 리가 다시 교체되어 빙판에 들어왔습니다!"

그해 여름은 내가 한국계 미국인인 게 매우 자랑스러웠다. 한국에 있는 많은 친척들이 TV 중계나 아이스링크 경기장에서 내 경기를 지켜보고 있다는 게 정말 기뻤고, 미국에 있는 가족들은 많은 친척들 앞에서 한국의 국가대표 선수들과 경기하는 나를 무척이나 자랑스러워했다. 당시 나는 한국말을 잘 하지 못했다. 모든 것을 이해하는 데 어지간히 애를 먹었고, 심지어 선수들과의 의사소통을 거의 한국말로 하는 코치의 말을 이해하는 데도 무척 어려움을 겪었다. 아이스하키 용어들을 한국말로 들어본 적이 한 번도 없었기 때문이다.

코치는 내 이름을 물었는데 나는 우리 아버지의 이름을 묻는 것이라고 여기고 '오성규'라고 대답했다. 내가 엉뚱한 대답을 했다는 것을 나중에야 알았다. 결국 나는 경기 내내 유니폼에 아버지의 이름을 달고 경기를 했다. 하지만 돌이켜보니 그때 아버지의 이름을 달고 경기를 할 수 있던 게 얼마나 자랑스러운지 모른다.

나는 아이스하키를 정말 좋아했고 지금도 좋아한다. 이제 더 이상 선수는 아니지만 때로 꿈속에서 신나게 경기를 뛰곤 한다. 아이스하키는 꿈 많던 젊은 시절에 내가 했던, 단순하고 순수한 마음으로 즐겼던 몇 안 되는 것들 중 하나였다. 내게 아이스하키는 대학에 들어가기 위한 수단이 아니었다. 나 자신에 관해 무엇인가를 증명해보이려는 시도도 아니었다. 그저 재미있고 즐거웠다.

　그러나 내가 프로선수가 되지 못하리라는 것 또한 분명했다. 아무리 아이스하키를 좋아했어도 명백한 신체적 한계를 갖고 있었기 때문이다. 고등학교 시절 체중을 늘리고 힘을 기르기 위해 무던히도 애를 썼다. 거의 매끼마다 밀가루로 만든 파스타를 먹었고, 음료수들을 혼합하여 마셨으며, 탄수화물을 대량으로 섭취했다. 게다가 매일 밤마다 큰 통에 담긴 아이스크림을 다섯 국자씩 듬뿍듬뿍 떠서 먹곤 했다. 당시 내가 아이스크림을 얼마나 많이 먹어치웠던지 나중에는 어머니가 맛없고 저렴한 아이스크림으로 사다놓을 정도였다.

　경쟁심의 한계도 문제였다. 그것이야말로 내 마음의 상태를 그대로 반영하는 것이었다. 사실 나는 자신감에서 나오는 경쟁심이 없었다. 그뿐 아니라 뛰어난 선수가 되어 내 삶을 통해 그리스도의 이름과 영광을 드러내겠다는 신앙적 포부도 갖고 있지 않았다. 당시 나는 예수님에게 완벽하게 받아들여져 모자람 없는 사랑을 받고 있다는 기쁜 소식에서 안도감을 얻는 것이 무엇인지 전혀 알지 못했다.

　그랬다. 결코 아이스하키는 내 희망과 행복을 발견하기 위한 비결이 되지 못했다.

그리 유쾌하지 않은 느낌

　나는 미국에서 태어난 한국인이라는 정체성이 무엇을 의미하는지 잘 모르고 자랐다. 내 외모와 정서가 여느 아이들과 좀 다르다는 것은 알고 있었지만 그밖에 다른 것들은 전혀 알지 못했다. 그러나 내 어린 시절에도 '청크'(Chink, 중국인을 대단히 모욕적으로 일컫는 말) 혹은 '잽'(Jap, 일본인을 경멸적으로 일컫는 말)이라 불리면서 인종차별을 당한 순간들이 있었다.

그때를 떠올려보면 일본인이라고 욕을 먹었던 내가 지금 일본에서 선교사로 사역하고 있다는 게 아이러니하다. 당시 미국 사회는 인종차별의 부당성이나 그릇됨을 잘 인식하지 못하고 있었다. 미묘한 방식과 미묘하지 않은 방식의 다양한 인종차별이 자행되었으나 미국 사회의 전반적 분위기는 용인하는 쪽이었다. 당시는 미국 사회의 정치적 분위기가 공정성을 갖추기 전이었다.

나는 교회에서 성장했지만 일관되게 그랬던 것은 아니다. 거의 주일마다 교회에 갔지만 꼬박꼬박 가지는 않았고 주중에 간 적도 없었다. 교회에서 편안함을 느꼈던 적은 거의 없었던 것으로 기억된다. 한인 교회에 가서 한국인들을 만나는 주일은 내가 한국인이라는 것을 상기시켜주는 날이었다. 나는 주일마다 다른 세상에 들어가야 했다. 나는 여느 미국인들과 달랐지만 오히려 그것이 이미 내 평범함이 되어 있었기에, 교회에서 다른 한국인들과 함께 있으면 내 자리가 아닌 것처럼 불편했다. 그것은 학교에서 유일한 한국인으로 지낼 때보다 더 심했다.

고등학교 1학년이 되면서 내가 출석하던 교회의 한 아이가 1학년 신입생으로 나와 같은 고등학교에 다니게 되었다. 그 아이의 이름은 로저였다. 그 아이의 부모님과 우리 부모님은 오랫동안 알고 지내는 사이여서 가끔 어울리곤 했다. 우리는 똑같은 학군에 거주하고 있었지만 각자 다른 초등학교를 입학한 탓에 중학교까지 다른 학교를 다니다가, 고등학교 때 두 중학교가 통합되어 학급 친구가 되었다.

그런데 로저는 학교 밖이나 교회에서 지낼 때와 같은 학급에서 지낼 때의 느낌이 너무 달랐다. 물론 그 아이도 학교에서 여러 친구들과 친하게 지내고 싶었을 것이다. 하지만 로저는 매우 내성적이었고 조용했다. 그 아이의 누나와 우리 누나도 친구였다. 로저의 누나는 붙임성이 좋아 친구들에게 인기가 많았지만 로저는 혼자 있기를 더 좋아했다. 학교 아이들에게 괴짜로 분류된 외톨이 몇 명만이 로저의 친구였다.

학교에서의 내 평판을 위해서는 로저와 어울리는 게 별로 도움이 되지 않을 듯 싶었다. 내가 한국인으로서 여느 미국인들과 다르다는 것을 느끼고 있던 내게 로저는 그리 유쾌하지 않은 느낌을 날마다 상기시켜주는 존재였다. 그때를 회상해보면 로저에게 나는 우려할 만큼 나쁜 친구는 아니었을지 모르나 그의 좋은 친구가 되어주지 못했다는 것에는 의심의 여지가 없다.

두 번째 기회

내가 그리스도를 믿는 믿음에 이르러 한 사람의 성도로 성장한 이후, 주님께서 내 마음을 감동시켜 로저에게 사과하라는 깨달음을 주셨다. 당시에도 우리는 같은 교회에 출석하고 있었다. 우리는 가끔씩 대화를 나누곤 했지만 이제는 다른 종류의 대화가 필요했다.

나는 로저에게 잠깐 이야기를 하자고 청했고, 우리는 함께 앉아 점심을 먹었다. 나는 그에게 내 믿음에 관한 이야기를 자세히 했다. 또한 성장기의 나를 불안하게 했던 것들의 추함과 흉측함에 대해서도 말했다. 그리고 그런 성격상의 결함들이 고등학교 시절 동안 그에 대한 적지 않은 불친절과 쌀쌀맞음으로 표출되었던 것임을 고백했다. 내가 그에게 정말 끔찍한 친구였음을 말하고 용서를 구했다.

그런데 그는 정말 관대했다. 서슴지 않고 나를 용서해주었고 그날부터 우리는 새로운 친구가 되었다. 우리는 그 다음 몇 년을 함께 즐겁게 지냈다. 신학공부를 위해 집을 떠나 있어야 했던 나는 가끔 필라델피아의 집에 올 때마다 그를 만나는 게 정말 좋았다.

당시 그는 우리가 어려서부터 출석한 교회에서 목회자 수련을 받고 있었다. 그는 건강하게 성장하고 있는 듯 보였다. 심지어 그는 1998년에 아내와 내가 일본으로 단기 선교여행을 떠날 준비를 하면서 열었던 음악회에서 드럼을 연주해주기도 했다. 우리는 그 음악회를 통해 일본 선교의 비전과 우리의 음악을 성도들과 함께 나누었다. 그렇게 우리는 소중한 추억들을 만들어가고 있었다.

그러나 그는 우리 모두가 생각하는 만큼 잘하고 있던 게 아니었다. 그는 여전히 조용했고 외로움을 많이 탔다. 그리고 우울증을 앓고 있었다. 그는 우울증을 치료하기 위해 몇 가지 약들을 복용해오고 있었는데, 그 약들은 부작용을 일으켰고, 급기야 자살충동까지 불러왔다.

나와 아내는 16개월간의 일본 체류를 위해 미국을 떠났다. 그리고 일본에서 사역을 하는 동안에 로저가 자살했다는 소식을 들었다. 나는 망연자실했고 깊은 슬픔에 빠졌다. 진정한 친구를 잃었기 때문이다. 그러나 지난 세월 동안 그에게 보여주셨던 은혜로 인해 하나님께 감사드렸다. 우리의 우정에 두 번째 기회를 주셨던 은혜에 감사를 드렸다.

아빠처럼 되고 싶어요

기도할 때 봤던 그대로야

우리 진외조부(아버지의 외조부)는 매우 성실한 사업가로 작은 규모의 공장을 운영하고 계셨다. 그래서 우리 친할머니가 출산할 때가 가까워 친정에 왔을 때 산파와 의사를 불러 출산을 돕게 하셨다. 그러나 친할머니는 임신중독증에 걸려 심각한 상태였다. 그 상태로 분만을 계속 시도한다면 산모와 아기(아버지)의 생명이 둘 다 위험한 상황이었다. 의사는 산모의 생명을 건질 유일한 방도는 아기를 희생시키는 것밖에 없고, 그렇게 하지 않으면 산모와 아기, 둘 다 잃을 수도 있다고 말했다.

친할머니의 친정어머니(진외조모)는 자신의 딸이 목숨을 잃게 될까 몹시 걱정했지만, 딸이 이미 출가하여 다른 집안의 사람이 되었기 때문에 그 문제를 결정할 권한이 없었다. 당시 친할머니의 시어머니는 그리스도인이었다. 며느리를 보러 친정을 방문한 내 증조할머니는 거기 있는 사람들에게 "아기를 죽이는 일은 없을 거예요!"라고 말한 뒤에 기도하러 집으로 돌아가셨다. 집으로 돌아온 증조할머니는 밤새도록 기도했고, 기도하던 중에 누워 있는 아기의 이마에 핏방울이 똑똑 떨어지는 것을 보셨다고 한다. 증조할머니는 황급히 남편을 깨워 얼른 사돈댁으로 가서 아기를 건들지 말 것을 다시 말하라고 하셨다.

우리 친할머니의 시아버지이셨던 증조할아버지가 사돈댁에 도착했을 때 친할머니는 진통을 시작한 상태였다. 좋은 징조였다. 그러나 분만은 순조롭지 않았다. 결국 의사가 분만용 겸자를 사용하여 아기의 머리를 집어야 했다. 마침내 의사는 아기를 꺼내 누였다. 사내아이였다. 아기를 꺼내기 위해 사용한 분만용 겸자로 인해 아기의 이마에 난 상처에서는 피가 똑똑 떨어지고 있었다.

"기도할 때 봤던 그대로야!"

증조할머니는 말했다.

자랑스러운 오 박사

내가 우리 아버지보다 더 사랑하거나 존경하는 사람은 없다. 박사학위를 마친 뒤에도 '오 박사'라고 불리는 것에 익숙해지기까지 몇 년이 걸렸다. 내 마음에는 단 한 사람의 오 박사, 바로 우리 아버지가 있기 때문이다.

나는 산부인과 의사인 아버지를 언제나 자랑스러워했다. 병원의 모든 사람들도 아버지를 좋아했다. 아버지는 간호사에서 수위 아저씨까지, 병원에 있는 모든 사람들에게 언제나 반갑게 인사를 건넸다. 처음에는 아버지의 그런 행동이 못마땅했지만 나중에는 정말 깊은 감동을 받았다.

그러나 나는 어렸을 때 아버지를 거의 볼 수가 없었다. 미국으로 이민을 온 초기, 아버지는 병원에서 하루 종일 일하면서 수련의 과정을 다시 밟아야 했다. 가족을 부양하려면 온종일 병원에서 일하고도 사흘에 두 번은 야근을 해야 했다. 그러다보니 가끔 아버지가 집에 오실 때도 나는 아버지를 알아보지 못했다. 다만 그 낯선 남자(아버지)로부터 어머니를 지켜주기 위해 '울트라 맨'(만화영화의 영웅 캐릭터) 자세를 취하고 어머니 앞에 버티고 서 있곤 했다.

그렇게 열심히 일하신 아버지 덕분에 우리 가족은 필라델피아 남부의 위험한 동네에서 다른 동네로 이사할 수 있게 되었다. 그리고 얼마 뒤에는 더 안전하고 안락한 교외로 이사했다.

나도 차츰 아버지에게 익숙해졌고, 아버지처럼 되기를 원하게 되었다. 우리 아버지는 심각한 대머리이다. 아버지의 결혼사진과 한국에서 공군으로 복무할 당시의 사진을 보면 아버지의 탈모가 매우 일찍부터 시작되었음을 알 수 있다. 내가 외가 쪽에서 숱 많은 머리를 물려받은 게 얼마나 감사한지….

하지만 나는 성장하면서 아버지와 똑같이 되기를 원했다. 어린 시절의 어느 날, 가위를 들고 욕실로 들어가 앞머리를 잘라내기 시작했다. 욕실 앞을 지나가던 어머니가 그 장면을 목격하고는 소스라치게 놀라

물었다.

"뭐하는 짓이야?"

"아빠랑 똑같이 되고 싶어!"

아버지와의 관계에 있어서 긴장과 갈등이 전혀 없었던 것은 아니다. 한때는 아버지에게 몹시 분개하기도 했다. 내가 열두 살쯤 되었을 무렵, 아버지 의대 동문 친구들 몇 분이 우리 집에 모였다. 그 분들은 종종 우리 집에서 모였고 가족이나 다름없었다. 당시 아버지가 그 분들 앞에서 나를 놀리는 무슨 말을 했던 것으로 기억한다.

이글거리는 분노로 타오른 나는 두 번 생각하지도 않고 바닥에 앉아 있는 아버지의 가슴을 냅다 걷어찼다. 그러자 아버지가 휘청거리며 뒤로 넘어져 호흡 곤란을 일으키며 헐떡거렸다. 아버지 친구들 가운데 한 분이 내게 말했다.

"네가 아버지를 정말로 아프게 했구나!"

십대 시절에는 나를 믿어주지 않는 아버지를 온 마음을 다해 미워했던 것도 기억난다. 솔직히 말해서 아버지가 나를 믿어주어야 할 이유는 아무것도 없었다. 그럼에도 나를 믿어주지 않는 아버지가 정말 미웠다.

어느 날 아침 깨어보니 차고 밖에 놓아둔 쓰레기통이 넘어진 채 안에 있던 쓰레기들이 사방에 널브러져 있었다. 그때 아버지의 목소리가 들렸다.

"마이클 짓이 틀림없어. 뭔가에 화가 나서 죄 없는 쓰레기통만 걷어찬 게지!"

숲에서 나온 너구리의 소행일 가능성이 컸지만, 아버지의 그런 발언은 정말로 쓰레기통을 걷어차고 싶을 만큼 나를 화나게 했다.

가장 좋은 것을
기대하는 사람들

3
CHAPTER

삶의 우선순위

나는 부모님의 높은 기대 속에서 성장했다. 부모님은 성취 욕구가 무척 강한 분들이었다. 아버지는 가난한 집의 9남매 중 장남이었다. 우리 할아버지는 삼림관리 전문가였기 때문에 가족들은 일제강점기 동안 만주에 살면서 일해야 했다. 당시 얻을 수 있는 것은 거의 없었고, 음식은 귀했다. 그 와중에 얻을 수 있었던 것들은 대부분 장남인 우리 아버지에게 돌아갔다.

"운이 좋은 날에는 계란 하나를 얻을 수 있었어. 그리고 그런 날이면 계란은 여지없이 내 밥그릇 위에 올라왔지."

그 시절에 대해 늘 아버지가 하시던 말이다. 어쩌면 아버지는 그런 일들에 대해 자신의 남동생들과 여동생들에게 오늘까지도 죄책감을 갖고 계신 것 같다. 또한 아메리칸드림을 좇아 한국을 떠나 장남의 책임을 다하지 못하고 미국에 온 것에 대해서도 적잖은 부담을 느끼고 계신다.

젊은 시절의 아버지는 하나님의 은혜로 연세대학교 의과대학에 입학할 수 있었다. 서울대학교에는 전혀 관심이 없었다. 기독교 대학을 가고자 했기 때문이다. 나는 연세대학교를 '한국의 프린스턴대학'이라고 생각한다. 믿음이 있는 미국의 우수한 인재들이 하버드에 들어갈 실력이 되지 않아서가 아니라 기독교 학교에 입학하기 위해 프린스턴대학교에 입학한다. 우리 아버지도 서울대학교에 들어갈 실력이 되지 않아서가 아니라 기독교 학교에 가기 위해 연세대학교를 선택하신 것이다. 누나 역시 하버드에 합격했지만 프린스턴에 진학했다.

아버지는 대학에 들어가서 기독교의료봉사 동아리에 가입해 회장을 맡으며 가난한 사람들에게 의료적 도움뿐 아니라 영적인 도움도 주었다. 우리 어머니 또한 강한 성취 욕구를 갖고 계셨다. 어머니는 연세대학교 간호대학을 수석으로 졸업하셨다. 젊은 시절에 한 잡지 표지에 실린 어머니의 사진을 보면 내 딸들의 얼굴이 떠오른다. 나는 사람들에게 나보다 아내가 훨씬 더 똑똑하다고 말한다. 이것은 우리 아버지보다 훨씬 더 현명한 어머니에게도 그대로 해당되는 말이다.

우리 세대로 넘어오면서 그 강한 성취를 보인 건 누나였다. 누나는 공부도 잘했지만 음악에도 깊은 관심을 보여 백 세의 나이에도 커티스음대에서 여전히 제자들을 가르치고 있는 일리노어 소콜로프(Eleanor Sokoloff) 밑에서 뛰어난 피아니스트로 성장했다. 또 어릴 때는 발레를 하기도 했다. 내가 아장아장 걸을 무렵, 공연을 끝낸 누나에게 꽃다발을 주는 중대한 임무를 맡은 적이 있었다. 당시의 나는 그 임무의 의미를 전혀 몰랐다. 그저 꽃다발을 손에 들고 무대 뒤에 서 있다가 등을 떠밀려 앞으로 나갔다. 그런데 누나가 서 있는 무대의 반대편에서 누나의 선생님이 내게 오라는 손짓을 하는 게 보였다. 그래서 나는 누나를 지나쳐 누나의 선생님에게 다가가 그 꽃다발을 바쳤다.

누나는 나와 달리 하버드대학에 합격했다. 하지만 누나는 하버드에 가는 대신에 프린스턴을 택했다. 프린스턴은 누나가 가장 우선적으로 선택한 학교였다. 누나가 내게 보인 가장 중요한 모범은 믿음이었다. 주님께서는 '포커스'(Focus)라 불리는 누나의 고등학교 기독동아리를 통해 누나의 마음에 역사하셨다. 누나는 동아리의 리더로 활약하면서 예수님을 따르는 제자로 성장했다. 그로부터 몇 년 후, 누나의 믿음은 내 영적 구원과 성장에 지대한 영향을 미쳤다.

하버드에 거절당하다

하버드에서 날아온 뭔가 불길한 느낌의 얇은 편지봉투를 받았던 게 기억난다. 나는 그 편지봉투를 프린스턴대학과 예일대학에서도 받았다. 봉투를 뜯어본 나는 마음이 주저앉는 것 같은 실망감을 느꼈다. 그렇게 펜실베이니아대학에 진학하게 된 것은 단지 우리 부모님에게뿐 아니라 내게도 엄청난 실망이었다.

아이비리그(미국 동부의 8개 명문 대학) 중에서도 상위 세 개 대학(하버드, 프린스턴, 예일)이 아니면 안 된다고 생각하고 있었지만, 솔직하게 말해서 나는 그 세 개 대학 가운데 어디에도 붙을 만한 실력을 갖고 있지 않았다. 나는 거의 공부를 하지 않았기 때문이다. 게다가 나는 당시 내가 하고 있던 중요한 일들, 그 어떤 것에도 이렇다 할 노력을 보이지 않았다.

그로부터 적지 않은 세월이 흐른 어느 해에 휴가 차 필라델피아의 본가를 찾았다. 두 딸아이는 옛날에 내가 쓰던 방에서 잠을 잤다. 그 방 한 구석에는 거의 25년 이상 꿋꿋하게 제자리를 지켜온 내 책상이 놓여 있었다. 나는 그 책상을 물끄러미 바라봤다. 그리고 깨달았다. 거기에 앉아 공부한 기억이 거의 없다는 것을. 학창시절에 공부한 유일한 기억이라고는 무거운 교과서를 집에 가져가는 수고를 덜려고 수업시간에 몰래 숙제를 한 것뿐이었다. 하버드의 퇴짜를 맞은 것은 너무 당연했다.

그때는 주님께서 내게 어떤 목소리(태도나 의견이나 신념을 표명하는)와 어떤 가슴과 어떤 머리를 주셨는지 아직 깨닫지 못했었다. 그런 것들은 나중에 주님께서 내 〈위대한 승부〉(Searching for Bobby Fischer, 실화를 바탕으로 한 체스 천재 소년 이야기의 영화) 체험(이에 대해서는 뒤에서 따로 말하겠다)을 통해 나를 두려움에서 해방시켜주셨을 때 깨달았다.

그 시절에 내가 했던 어떤 것에서도 '특출함'이란 것은 찾아볼 수가 없었다. 그저 패배하지 않으려고 애쓰는 것에 여전히 열중하고 있었고, 그 과정에서 얻은 것은 아무것도 없었다. 사실 나도 누나처럼 가장 우선적으로 프린스턴대학을 선택했다. 이미 그 대학에 다니고 있던 누나를 몇 차례 찾아간 적도 있었고, 나는 프린스턴을 정말로 사랑했다. 학교 주변 환경이나 면학 분위기, 사람들이 마음에 쏙 들었고 심지어 구내식당의 음식까지도 입에 딱 맞았다.

그러나 나는 프린스턴대학 입시 면접을 치르는 동안 정말 엄청나고 당혹스러운 실수를 저지르고 말았다. 얼마나 당황스럽고 부끄러운지 오랜 세월이 흐른 지금도 언급하기가 어려울 정도다.

한 면접관이 내게 이런 질문을 했다.

"가장 좋아하는 정치인이 누구죠?"

나는 자신 없는 목소리로 쭈뼛거리며 대답했다.

"제임스 뷰캐넌(James Buchanan)입니다."

나는 원래 '패트릭 뷰캐넌'(Patrick Buchanan)이라고 말하려고 했는데 실수로 '제임스 뷰캐넌'(흑인노예문제로 남북 간의 지역감정을 악화시킨 탓에 미국 역사상 최악의 대통령으로 손꼽히는 인물)이라고 대답한 것이다. 설령 내가 그 이름을 제대로 말했더라도 면접관은 틀림없이 내 답변이 탐탁지 않았을 것이다. 패트릭 뷰캐넌은 매우 보수적인 공화당원이기 때문이다.

만약 내가 그날 운이 좋았다면 젊은 사람이 오래전에 죽은 대통령 한 사람을 그리워하는 수준 높은 고상한 취향을 갖고 있다고 면접관이 생각해줄 수도 있었을 것이다. 또 그 대통령이 오늘 이 시대에 와서 복잡한 정치 현안들을 해결하는 데 일조해주면 좋겠다는 기특한 소망을 품고 있다고도 생각해줄 수도 있지만 면접이 끝나자마자 나는 불합격을 99퍼센트 이상 확신했다.

예수님을 만날 준비

나는 이 책에 내가 저지른 여러 가지 잘못들과 실수들을 많이 적었다. 그중에는 도덕적인 것, 성적인 것, 영적인 것들도 있다. 그러나 이런 지성적 실수는 그 어떤 실수들보다 나를 더 당혹스럽게 한다.

펜실베이니아대학에서 온 합격 통지서는 기껏해야 내 마음을 안도시키는 역할밖에 하지 못했다. 그 대학은 내 마지막 보루였다. 내가 정말로 가고 싶은 대학에 들어가지 못하게 될 경우에 마지막으로 기댈 수 있는 학교로 고려하고 있었다.

그러나 하나님의 계획이 얼마나 완벽하고 아름다운지 그저 감사드릴 뿐이다. 아이비리그 상위 세 개 대학에서 날아온 불합격 통지서들은 내가 예수님을 받아들일 수 있도록 준비시켜주었다. 불합격 통지서들은 세상의 기준이 얼마나 혹독한지를 내게 상기시켜주었고, 내가 하나님의 눈에나 인간의 눈에 만족스러운 인간이 되지 못한다는 사실을 일깨워주었다. 이는 나를 겸손하게 만드는 동시에 꺾어놓았다.

세상의 높은 기준에 도달하지 못한 사람들은 예수님이 우리의 죄를 대신하여 죽으셨을 뿐만 아니라 예수님의 완벽함, 곧 그분의 완벽한 의의 공적을 우리에게 주셨다는 것이 얼마나 경이로운 일인지를 다른 사람들보다 훨씬 더 쉽게 인식하고 이해할 수 있다. 이를테면 거룩하시고 거룩하신 하나님 앞에서 엄청난 빚을 진 우리는 당장 파산하는 것이 맞지만, 예수 그리스도를 통해 하나님께서 요구하시는 모든 것들을 공급받을 수 있게 되었다는 사실을 깨닫는 것은 정말 경이로운 소식이 아닐 수 없다.

더 좋았다! 하버드대학에서 거절당했지만 하나님께는 받아들여졌다는 것이. 하버드대학에는 받아들여졌지만 하나님께 거절당하는 것보다 말이다.

나를 더 사랑해주시는 분

고등학교를 졸업하던 그해 여름, 누나는 나를 기독교 모임에 끌고 갔다. 나는 질질 끌려갔다. 정말이지 나는 대학생활을 시작하기 전의 마지막 여름방학을 그렇게 보내고 싶지 않았다.

그날 모임에서 목사님이 이렇게 질문하셨다.

"만일 여러분이 오늘밤 죽게 된다면 어디로 가게 될지 알고 있습니까?"

나는 겁에 질린 표정으로 멍하게 앉아 있었다. 몰랐기 때문이었다. 그러나 알고 싶었다. 그래서 고개를 숙였고, 목사님을 따라 기도하며 내 삶을 그리스도께 드렸다. 그리고 그로부터 몇 개월이 지나 대학 신입생이 되었을 때 진짜 그리스도인들을 실제로 만나게 되었다. 그것은 무척 황홀한 일이었다.

나는 펜실베이니아대학의 기독학생회에 가입해 열심히 활동했다. 마치 내 세상이 흑백에서 총천연색으로 바뀐 것 같았다. 나는 기도하는 게 즐거웠고, 찬양하는 것을 즐겼으며, 하나님의 말씀을 기뻐하는 법을 배웠다. 그리고 무엇보다 그리스도를 내 구원자와 친구로 모시는 축복을 누리는 법을 배웠다. 그리고 깨달았다. 마침내 내가 사랑하는 것보다 나를 더 사랑해주시는 분을 발견했다는 것을! 내게 필요했던 것은 여자친구도, 하버드 합격 통지서도 아니었다. 내게 간절히 필요했던 것은 하나님께 나아가는 것, 지극하신 은혜로 내가 사랑하는 것보다 나를 더 사랑해주시는 하나님께 나아가는 것이었다.

사랑을 배워나가다

4
CHAPTER

철부지 손자의 후회

나는 세상에서 가장 못된 손자이다. 외할아버지와 외할머니는 로스앤젤레스에 살고 계셨지만 간혹 몇 개월씩 필라델피아에 있는 우리 집에 머물곤 하셨다. 정체성의 혼란과 여러 가지 이유로 세상에 분노하고 있던 나 같은 십대 청소년에게는 그리 반가운 일이 아니었다.

집에 걸려오는 전화를 한국말로 '여보세요'라고 받는 외할아버지가 정말 싫었다.

"영어를 못하면 전화를 받질 말든가."

그렇게 나는 불평을 했다. 내 친구들의 전화를 외할아버지가 받을 때는 정말 최악이었다.

"뭐야! 그 사람 누구야?"

"그 사람이 나한테 뭐라고 말한 거야?"

이렇게 끈질기게 물어대는 친구들에게 들볶이곤 했다. 또 등교 준비로 바쁜 아침에 욕실에서 한참 동안 나오지 않는 외할아버지는 정말 싫었다. 그뿐 아니라 할아버지가 노크를 하지 않고 문을 여는 것, 심지어 욕실 문을 닫지도 않는 것 등 그 모든 게 나는 싫었다.

외할아버지와 의사소통을 할 수 없는 것도 싫었다. 외할아버지가 영어를 하지 못한다는 것도 싫었지만 내가 한국말을 하지 못한다는 사실도 그에 못지않게 싫었다.

나는 외할아버지에게 단 한 번도 웃어주지 않았다. 심지어 외할아버지 뒤에서 들리지 않는 작은 소리로 욕을 하기도 했다. 당시 외할아버지는 내가 말하는 영어를 알아듣지 못했어도 내가 무엇을 말하려고 하는지는 분명 알아차리셨을 것이다.

결국 어머니와의 면담 시간이 왔다. 그때까지는 어머니와 불편하게 대화를 해본 적이 없었다. 나는 언제나 어머니의 사랑스런 아이였다. 어머니는 언제나 나를 보듬어주셨고, 나는 그런 어머니를 의지하고 사랑했다. 그런데 이번 경우는 달랐다. 어머니는 나를 안방으로 불러 앉혔다. 나는 안방의 안락의자에 등을 기대고 두 팔은 양쪽 팔걸이에 걸친 채 다소 삐딱한 자세로 앉았다.

"네 외할아버지는 엄마의 아버지야!"

어머니가 말했다. 그때 어머니가 했던 다른 말들은 기억나지 않지만, 몹시 무거운 죄책감과 견디기 어려운 끔찍한 느낌을 느꼈던 것만큼은 분명히 기억난다. 우리 어머니 역시도 누군가의 딸이라는 사실과 내가 어머니를 아프게 했다는 것을 처음으로 깨달은 순간이었다. 외할아버지에 대한 내 태도가 그날 이후 많이 개선되었는지는 기억나지 않지만 어머니와 마주앉아 면담했던 그 순간은 결코 잊을 수가 없다.

십대 시절에 저질렀던 이런 잘못들을 바로잡아야겠다는 마음이 든 것은 예수님을 영접한 후에도 몇 년이 흐른 뒤였다. 외할아버지는 건강이 매우 좋지 않았다. 한 차례의 뇌졸중과 여러 가지 다른 건강상의 문제가 있었다.

외할아버지에게 용서를 구하는 편지를 쓰라고 주님께서 내 마음을 인도하고 계신 것이 느껴졌다. 편지를 통해 나는 정말 못된 손자였다고 외할아버지께 고백했고, 외할아버지의 용서를 구했다. 그리고 외할아버지가 나와 누나와 사촌들을 위해 하셨던 모든 것들을 얼마나 감사하게 여기고 있는지를 말씀드렸다. 그뿐 아니라 우리가 정말로 외할아버지께 바라는 유일한 것이 그리스도를 믿는 것이라는 말도 했다. 나는 한 친구에게 그 편지를 한국어로 번역해달라고 부탁하여 로스앤젤레스에 계신 외할아버지께 보냈다.

얼마 후 그 편지를 외할머니가 외할아버지에게 읽어주고 또 읽어주었다는 말을 들었다. 외할아버지가 말하는 능력을 거의 상실했고, 건강이 더 안 좋아지셨기 때문에 외할머니는 그 편지를 자주 읽어주셨다고 한다. 사실 그건 외할아버지의 뜻이 아니었다. 예수님을 영접하는 것에 언제나 부정적으로 일관하시던 외할아버지가 언어능력을 상실한 탓에 그 편지를 그만 좀 읽으라고 외할머니에게 요구할 수가 없었기 때문이다.

결국 외할아버지는 병원에 입원하셨고, 하루가 다르게 야위어 가셨다. 가족들 모두 외할아버지의 건강을 걱정했다. 우리 모두는 희망을 붙잡기 위해 기도하고 애썼으나 희망의 빛이 점점 희미해져 갔다.

그때 나는 대학원 학기 중이었다. 매우 바빴고 내 상황 또한 외할아버지를 방문하기에 여의치 않았지만 가야 한다는 느낌이 들었다. 통역해줄 만한 내 사촌은 나와 함께 로스앤젤레스로 가기 위해 몇 주 동안 작업 프로젝트에서 빠질 수 있는 형편이 아니었다. 더군다나 비행기 표도 비쌌다. 그러나 외할아버지를 보러 가야 한다는 생각은 여전했다. 그때가 아니면 다시 또 기회가 없을 듯했다.

내가 외할아버지께 보냈던 편지를 소개하겠다.

사랑하는 할아버지께

안녕하시지요? 내년 봄에 할머니와 할아버지를 뵈러 가기를 바라는 마음을 전해드리기 위해 몇 자 적습니다. 저는 그동안 박사과정을 끝마치느라 정신없이 바빴습니다.

저희는 할아버지께서 얼마 전에 태어난 손녀 사랑이를 보러 오실 수 있어서 무척이나 즐거웠습니다. 저희가 할아버지와 할머니를 찾아뵐 때 사랑이를 데려갈 수 있기를 바라고 있습니다. 제가 이 편지를 한국말로 번역해달라고 부탁했습니다. 제가 할아버지랑 더 잘 대화를 나눌 수 없어서 참 죄송해요. 그렇지만 친구의 도움으로나마 제 마음속에 느끼는 것을 말씀드릴 수 있어서 감사하고 있습니다.

할아버지께서는 제게 참으로 따뜻하시고 많은 사랑을 주셨는데, 제가 좋은 손자가 못 되어 드렸던 것이 참 마음이 아픕니다. 먼 곳에서도 항상 저희를 생각해주시고 관심을 가져주셔서 감사해요. 저희는 항상 할아버지를 찾아뵙고 싶습니다. 제가 당연히 해드렸어야 하는 일들을 제가 못해드렸어요. 부디 용서해주세요. 제가 하나님의 은혜가 필요한 이런 죄인인데도 하나님이 여전히 사랑하시고 용서해주시니 그저 감사할 따름이에요.

제가 할아버지에 대해서 더 많이 알았어야 했는데 그러지 못해 참으로 아쉬움만 남습니다. 할아버지가 어떤 분이신지, 무슨 생각을 하시는지, 제 나이 때는 어떤 모습이셨는지 더 알고 싶어요. 제가 할아버지 가까이에서 자라지 못해서 많은 좋은 것을 놓쳐버린 것 같습니다. 할아버지와 떨어져 지냈던 시간들이 아쉽기는 하지만 우리가 함께 가슴 벅찬 미래를 보낼 것을 확신합니다. 할아버지와 영원을 함께 보내고 싶습니다. 티나, 헬레나, 수잔나 모두 같은 심정일 거예요. 천국도 할아버지가 안 계시다면 무척 외로운 곳이 될 것입니다.

할아버지께서 이전에 많이 들으셨겠지만, 하나님이 할아버지를 무척 사랑하신다는 것을 다시 나누고 싶습니다. 우리는 모두 죄인이어서 죄에 대한 처벌을 받는 게 당연하잖아요? 그렇지만 하나님은 할아버지를 사랑하셔서 은혜를 베푸시고 용서해주세요.

저는 자라면서 늘 완벽하지 못한 것에 좌절하곤 했어요. 바이올린을 완벽하게 하는 것도 아니고요, 아이스하키는 물론 학교생활 같은 것도 아주 잘하고 있는 것 같지 않았어요. 게다가 하나님은 거룩하시니까 사람들에게 완전함을 요구하신다고 생각했었어요. 이런 하나님 앞에 제가 아무리 발버둥쳐도 완벽해질 수 없다는 것을 알게 됐어요.

그러다가 제가 삶에서 강하게 느끼던 두 가지 문제를 해결하기 위해 예수 그리스도가 이 땅에 오셨다는 것을 배우게 됐어요. 예수님이 저의 죄악들에서 저를 구원하시고 깨끗하게 하시기 위해 십자가에서 죽으셨다는 것과 제가 그분을 믿을 때 그분의 완벽함을 제게 주신다는 것을 깊이 알게 됐어요. 제가 예수님께 저를 용서해주시고, 저를 깨끗하게 해주시고, 그분의 의로움을 주십사 요청했을 때 저는 제 마음과 삶이 온전히 변화되었다는 것을 알게 되었어요. 오늘날의 제 모든 것은 예수님 때문입니다. 저는 예수님 없는 제 삶을 상상할 수가 없어요.

말씀드렸듯이 할아버지께서 이런 모든 것을 들어보신 적이 있으시다는 것을 잘 알아요. 하지만 할아버지께서 예수님께 마음을 여시고 그분을 믿으실 수 있도록 이 손자의 마음 깊은 곳에서부터 말씀드리고 싶어요. 예수님이 유일한 길이세요. 왜냐하면 예수님이 죄에 대한 벌을 십자가로 가지고 가셨고, 우리를 위해서 온전히 의로운 삶을 살아주셨기 때문입니다. 예수님은 천국으로 가는 문이 되세요.

제가 할아버지께 무엇을 요청한 적이 없잖아요. 그렇지만 지금 한 가지만 감히 여쭙고 싶어요. 앞으로 또다시 요청하지 않을 거예요. 할아버지께서 마음을 하나님께 돌리시고, 할아버지 죄에 대한 용서함을 구하시고, 삶을 예수님께 드리고 그분을 믿어보세요. 제가 했던 것처럼 할아버지도 예수님께 이렇게 기도하실 수 있어요.

"사랑하는 하나님, 저는 죄인입니다. 제 죄악의 값을 치를 수밖에 없지만, 전 예수님이 제게 용서와 사랑과 은혜를 베푸신다는 것을 알고 있습니다. 저 같은 죄인들을 위해 십자가에 죽으신 예수님, 감사합니다.

저는 예수님이 하나님의 아들이신 것을 믿습니다. 예수 그리스도를 통해 저를 용서해주시고 영원한 삶을 허락해주세요. 지금부터 당신을 더 알아가며 당신을 위한 삶, 또한 당신을 따르는 삶을 살기를 원합니다. 예수님의 이름으로 기도합니다. 아멘."

예수님을 믿고 따르는 제 마음엔 축복과 기쁨이 넘칩니다. 할아버지도 이것을 경험하셨으면 정말 좋겠습니다. 그리고 하늘나라에서 이 땅에서 함께할 수 없었던 시간들, 또 순간들을 보상하면서 할아버지와 영원히 살고 싶습니다.

할아버지를 사랑하는 손자, 마이클이 올립니다.

사랑해요, 그 한 마디

나는 그리스도인이 된 후에 아버지와 어머니를 사랑하는 법과 그 분들께 감사하는 법을 배웠다. 또한 사랑에 대해 어느 정도 그 분들을 가르치는 것도 배웠다. 누나와 나는 '사랑해!'라는 말을 한 번도 듣지 못하고 자랐다. 물론 우리 부모님은 자녀를 사랑하지 않는 부모가 아니다. 하지만 우리 부모님은 평범했고, 평범하다는 것은 곧 그런 말을 하지 않는다는 것을 뜻한다.

누나와 나는 대학에 들어간 이후 부모님과 종종 전화통화를 했다. 그리고 통화를 끝낼 무렵이면 부모님을 향한 우리의 사랑을 작게나마 표현하기 시작했다. 그런 과정에서 부모님도 우리에게 사랑을 표현하는 법을 배워나가셨다. 전화를 끊으며 나는 말했다.

"알았어요. 나중에 또 전화할게요."

"그래, 몸조심하고."

"사랑해요."

"응…, 잘 지내렴."

이런 식의 통화가 몇 차례 반복되었다.

"나중에 또 전화할게요."

"그래, 알았어."

"사랑해요!"

"응…, 고마워."

이런 식의 통화가 또 몇 차례 반복되었다.

"나중에 또 전화할게요. 사랑해요!"

"그래…, 나도."

그리고 마침내는 '사랑해'란 말씀을 하셨다.

"사랑해요!"

"우리도 너를 사랑해!"

요즈음 부모님과 장인어른과 장모님 입에서 '사랑해!'라는 말이 홍수처럼 터져나와 손자, 손녀들에게 넘실대며 흘러가는 것을 보는 재미가 아주 좋다. 우리가 자랄 때는 단 한 번도 '사랑해!'라고 말해주지 않던 그 분들이 지금은 '사랑해!'라는 말로 손주들을 한껏 축복해주시는 것 같다.

오래전에 아내와 나는 결혼식 피로연 때 우리가 직접 쓴 〈부모님의 사랑〉이라는 제목의 노래를 부모님께 불러드리려고 연습했었다. 노랫말은 이렇다.

*

부모님의 사랑　　_마이클 오, 펄 박 지음

1절
부모님이 주시는 사랑, 희생적인 사랑 같은 사랑 또 없네.
우리의 인생 그들에게서 나고
그들 우리에게 생명을 주셨으니
모든 것들 중에 가장 귀한 하나님의 선물이네.

(후렴)
하나님, 우리에게 당신들을 주셨을 때 온유하신 사랑을 주셨네.
기이함과 시련과 기쁨과 고통 가득한 인생을 견디게 해주실 이,
어느 날 우리를 한 가족으로 하늘로 데려가실 이,
자신의 집으로 데려가 함께 살게 하실 이,
하늘에 계신 아버지의 살아 있는 증거를 주셨네.

2절
하나님의 길을 가르쳐주신 어머니, 아버지 감사해요.
지쳐 쓰러졌을 때 일으켜주시고

도처에 악한 것들이 가득할 때

안 된다 타이르신 어머니, 아버지 감사해요.

3절

당신들의 모든 희생을 하나님 보셨고

이제 우리도 봅니다.

하나님 기쁘신 뜻대로

당신들처럼 신실하고 많이 기도하는 부모로

우리를 만들어주시기를 기도합니다.

두려움의 가면을 벗다

인생의 첫 패배

나는 어렸을 때 바이올린, 아이스하키, 무술 등을 포함하여 많은 활동들을 했다. 운동이든 음악이든 공부와 관련된 것이든 내게는 모든 것들이 수월했고, 무엇을 하든지 금세 일등을 했다. 그러나 그렇게 승승장구하던 내게 충격적인 사건이 일어났다. 난생 처음의 패배, 생애 최초의 실패였다.

어느 날 중국계 미국인 아이가 우리 동네에 갑자기 나타났다. 이름은 마크 치앙이고, 그 아이의 부모는 엄청나게 극성스러웠다. 그 아이는 내가 다니던 태권도 도장에도, 바이올린 교습소에도 갑자기 나타났다. 그 도시에서 얻을 수 있는 최고의 기회들이 무엇인지 간파한 그아이의 부모가 마치 내 뒤를 졸졸 따라다닌 것처럼 느껴졌다.

시간이 지나면서 내 자신감이 흔들리기 시작했다. 학교 관현악단을 선발하는 심사에서 나는 중압감에 짓눌렸고, 그 아이는 나를 누르고 바이올린 파트 악장 자리를 차지했다. 그 아이는 태권도에서도 서서히 두각을 나타냈다. 나는 '올해의 선수상'을 수상한 경력이 있는 태권도장의 스타 문하생이었다. 손님들이 도장을 방문하면 사범님은 으레 나를 불러 내 전매특허인 '고공 날아 차기' 시범을 보이게 하곤 했다. 사범님이 송판을 최대한 높이 들고 자세를 취하면 나는 도움닫기를 하여 공중으로 붕 날아서 가볍게 송판을 격파했다. 그런데 그 아이가 내 자리를 향해 서서히 다가오고 있었다.

마침내 나는 실패에 대한 두려움에 무너졌다. 그러고는 다른 사람들을 탓했다. 그러나 정작 비난받아야 할 사람은 나 자신이었다. 그리고 나는 일등이 그리 좋은 것만은 아니라는 결론을 내렸다. 사실 일등이라는 것은 끔찍했다. 그것은 앞으로 갈 길이 내리막길뿐이기 때문이다. 실패를 경험한 적은 없지만 자신감이 없었던 열두 살 소년에게 인생이란 대단히 비참한 것이 되어버렸다.

나는 그런 실망과 좌절을 반복하여 겪지 않기 위해 애쓰면서 그 다음의 열두 해를 살아갔다. 그러나 열심히 노력하는 것이 아니라 아예 노력하지 않고자 애를 썼다. 노력을 하지 않았기에 실패라는 느낌도 받지 않았다. 실패에 대한 두려움은 내가 열여덟 살에 그리스도인으로서 살아가기 시작한 이후에도 내 삶에 강력한 힘을 행사하는 한 부분이 되었다. 열여덟 살 무렵의 내 확신과 믿음은 '열두 살의 나'의 두려움과 불안함을 숨기는 외면적인 가면이었다.

실패의 두려움

펜실베이니아대학과 대학원 과정을 다 끝마치고 신학교에 진학하기 몇 개월 전이었다. 영화 〈위대한 승부〉라는 제목의 영화 한 편을 보았다. 한 체스 천재의 실화를 바탕으로 만든 영화였다. 아이는 천부적 재능을 통해 단숨에 청소년 체스계의 강자가 된다. 그러나 실패에 대한 두려움과 체스 경기에 패배하여 아빠의 사랑을 잃게 될지도 모른다는 걱정으로 체스를 포기한다.

그러다 아이는 자기가 체스를 좋아하고 있다는 것을 깨달았고, 전부터 친구처럼 지내던 노숙자 아저씨와 체스를 두려고 공원으로 간다. 둘이 마주 앉아 체스를 두고 있을 때 노숙자 아저씨가 아이에게 말한다.

"너는 승리하기 위해 모든 위험을 감수하기보다 패배하지 않으려고 경기를 하고 있구나."

그 대사를 듣는데 내 마음에 전율이 왔다.

'내가 저 아이구나!'

하나님께서 내게 말씀하시는 것처럼 느껴졌다.

'실수할까 봐 두려워하면서 사는 것을 멈춰라. 다른 사람들이 너를 어떻게 생각할지 두려워하면서 사는 것을 중단하라. 실패를 두려워하면서 사는 것을 멈춰라. 나는 너를 향한 사랑을 결코 멈추지 않을 거란다!'

그때부터 나는 조금씩 하나님 안에서 자유를 누리기 시작했다. 나는 실수하거나 실패하는 데 대한 두려움에 기초한 결정은 절대 하지 않으리라 굳게 다짐했다. 그런 다짐은 아내와 내가 집에서 가까운 곳에 위치한 신학교를 마다하고 1,200킬로미터나 떨어진 신학교에서 공부하면서 선교할 곳을 탐색하고, 지금 일본에 와서 선교사로 사역하면서 '그리스도성경신학교'(Christ Bible Seminary)를 시작하도록 이끌어주었다.

나는 어린 시절에 내 인생에 무단으로 침입했던 마크 치앙에게 고마움을 느끼고 있다. 그로 인해 패배와 실패가 있었음이 고맙다. 하나님의 은총을 입은 승리가 내게 필요하다는 것을 그런 좌절들을 통해서 깨달을 수 있었기 때문이다.

나는 모든 사람들이 필히 배워야 하는 교훈을 배웠다. 우리 자신이 성취할 수 있는 승리는 어디에도 없다는 것이다. 하나님 앞에 당당히 설 수 있을 만큼의 선함과 강함과 의가 우리에게는 없다는 것이다. 우리는 구원자가 절실히 필요한 실패자들이라는 것을 시인함으로써 그리스도 안에서 진정한 승리자가 될 수 있다.

실패에 대한 두려움으로 얼룩졌던 내 어린 시절은 후회스러운 일들로 가득하다. 나는 '필라델피아 소년합창단'의 단원 선발 심사를 받을 수 있는 기회를 다른 사람에게 넘겨준 적이 있다. 나는 노래하는 것을 좋아했기 때문에 합창단 경험을 했다면 내 유년시절의 멋진 추억이 되었을 것이다.

부모님은 누나를 중학교부터 계속 사립학교에 보냈다. 그것은 누나에게 좋은 경험이 되었고, 교육적으로도 훌륭한 발판이 되었다. 또한 누나는 사립학교에 다니면서 기독동아리 활동을 통해 신앙이 더

깊어졌다. 부모님은 나 역시도 사립학교에 가기를 바라셨다. 하지만 나는 새로운 친구들을 사귀는 것을 원하지 않았고, 미지의 세상이 겁났다. 그래서 공립학교에 계속 다니겠다고 우겼다. 이제 와서 생각해 보면 부모님의 말씀을 따라 사립학교에 갔더라면 훨씬 더 좋은 교육 환경과 영적 분위기에서 성장할 수 있었을지도 모르겠다.

이런 모든 과거의 후회스러운 일들은 미래를 위한 비옥한 토양이다. 스물네 살, 영화 〈위대한 승부〉에서 하나님의 음성을 듣고는 자유의 삶을 살기 시작했고, 주님께서 내게 주신 생각이나 신념, 은사들을 깨달을 수 있었다. 그리고 그 모든 것들을 나 자신의 자부심이나 성공을 위해서가 아니라 주님의 가장 높은 목적을 위해 사용할 수 있었다. 그날 이후 나는 나중에 후회를 몰고올 수도 있는 많은 일들을 피할 수 있었다.

좋은 나무에 좋은 열매가 열린다

아내와 나는 펜실베이니아대학에서 학업을 마치고 당시 우리 아파트에서 5분 거리에 있던 웨스트민스터신학교 대신에 무려 1,200킬로미터나 멀리 떨어진 트리니티복음주의신학교에 들어가기 위해 짐을 쌌다. 웨스트민스터신학교는 매력적이고 학구적으로도 빼어난 곳이지만 선교의 비전과 열정을 품고 들어갔다가 졸업한 뒤에 다른 길로 전향한 친구들을 여럿 보았기에 나는 그 학교가 선교의 비전을 뚜렷하게 심어주지 못한다는 생각을 했다.

신학교 진로를 놓고 기도하던 어느 날, 나는 아내에게 말했다.

"우리 봄방학 기간 동안에 트리니티신학교에 한번 가볼까?"

당시 누나가 트리니티신학교에 다니고 있었는데, 그 방문은 행복하고도 끔찍한 경험이었다. 끔찍했던 것은 너무 추워서였다. 영하의 날씨에 비까지 추적추적 내려 너무 추웠고, 기러기들이 시도 때도 없이 울어대서 잠을 제대로 잘 수가 없었다. 행복했던 것은 그곳에 머무는 게 정말 즐거웠고, 즉각적인 소명을 느낄 수 있어서였다. 학교를 둘러보던 중 겨울비가 쏟아지는 속에서 선교학부를 찾아갔다. 위엄 있어 보이는 노신사 한 분이 우산을 들고 문밖으로 나오는 게 보였다. 나는 생각했다.

'저 사람이 로버트 콜만(Robert Coleman, 세계적인 전도학 교수)인가?'

나는 그럴 것이라고 확신했다. 누나에게 그에 대해서 많이 들었고, 전 세계적으로 1백만 부 이상이나 팔려나간 그의 저서 《주님의 전도 계획》(The Master Plan of Evangelism)을 읽어 전도와 선교를 향한 그의 열정도 잘 알고 있었다.

그 노신사가 로버트 콜만이라는 것을 알게 된 내 내면에서 두 가지 의지가 싸움을 벌였다. 만일 과거의 나라면 어색하게 인사한 뒤에 그를 그냥 지나쳤을 것이고 기회도 그냥 지나쳐 보냈을 것이다. 그러나 실패에 대한 두려움으로부터 자유로워져 새로워진 나는 불처럼 뜨거운 열의를 느끼며 문 쪽으로 재빠르게 걸어가 그의 어깨를 가볍게 톡톡 치고는 말했다.

"실례지만 저를 좀 소개해도 될까요?"

그리고 그에게 나를 '티나 오의 남동생'이라고 소개한 뒤 신학교 공부를 고려하고 있다고 말했다. 그리고 만일 트리니티신학교에 입학하면 그가 지도하는 상급 훈련그룹에 들어갈 수 있는지 물었다. 그러자 그가 나를 바라보면서 지금은 내게 아주 익숙해진 목소리로 말했다.

"보통의 경우 우리는 1학년 학생을 그 그룹에 가입시키지 않아요. 하지만 좋은 나무에서 좋은 열매가 나오는 법이지요. 이 학교에 들어오면 넣어주지요."

나는 뛸듯이 기뻤다. 그리고 트리니티신학교에 들어갈 준비에 전념했다.

한 가지 결심

로버트 콜만에게 훈련받는 기회는 내게는 정말 믿기 힘든 축복이었다. 세상 도처의 길 잃은 영혼들과 교회를 섬기기 위해 내 가슴과 머리를 훈련시킬 수 있는 곳을 마침내 발견한 것이다. 그리고 또한 내가 실패에 대한 두려움 때문에 공부하거나 공부하지 않는 것이라는 족쇄로부터 풀려났다. 나는 공부의 즐거움을 발견했다. 신학 공부였기 때문이 아니라 주님을 위해 공부하고, 주님의 은혜 덕택에 아무것도 두려워하지 않고 공부할 수 있었고, 내 영광이 아니라 하나님의 영광을 위해 공부하는 것이 마냥 즐거웠기 때문이었다.

나는 말 그대로 열심히 공부했다. 초급 헬라어 반에서 열심히 공부하여 돈 카슨(Don Carson)이 강의하는 헬라어 주해 강좌에 들어갈 수 있었다. 처음에는 그에게 엄청 겁을 먹었다. 그러나 점차 좋아하게 되었다. 지금 우리는 존칭을 생략하고 서로 편하게 이름을 부르는 친구 사이가 되었다. 우리는 몇 가지 프로젝트와 행사에서 함께 일하는 기회를 가진 적도 있으며, 앞으로도 사역을 함께할 예정이다.

나는 그때까지의 학업생활 중에서 가장 높은 평균학점을 얻어 최우수의 영예를 받고 트리니티신학교를 졸업할 수 있었다. 그리고 그것은 내 평생에 가장 높은 평균학점을 기록한 하버드대학원에서도 계속되었다. 다른 무엇보다 두려움에 바탕을 둔 결정은 앞으로 절대 하지 않으리라고 굳게 다짐했던 덕택이었다. 그리고 주님께서는 내 그런 다짐을 사용하시어 매우 흥미로운 곳들로 나를 이끌고자 하셨다.

인생이 속한 자리

예수님이 부르시다

많은 사람들은 '대단한 사람'이 되고자 하는 목표를 품고 대학을 졸업한다. 그것은 보통 번듯한 직장에서 돈을 잘 벌고, 멋진 집과 비싼 차를 사는 것이며, 높은 지위에 도달하여 자기 자식들도 똑같이 될 수 있도록 도와주는 것을 뜻한다.

그리스도인들에게 대단한 사람이 되는 것이란 이 모든 것들 위에 주일마다 착실하게 교회에 나가고 주중에는 성경공부에 빠지지 않는 것까지 포함하는 것을 의미한다. 그러나 나는 예수 그리스도께서 그분을 위해서 아무것도 아닌 사람이 되라고 우리를 부르고 계신다고 믿는다.

예수님은 복음의 소망을 세계 모든 민족들에게 전하기 위해 자신의 출세욕과 권력욕을 기꺼이 버리는 사람들이 되라고 우리를 부르고 계신다. 예수님의 이름이 소중히 여김을 받고 찬송을 받고 높임을 받는다면 우리 자신에 대해서는 인정받지 못하고 존경받지 못하고 보상받지 못하고 칭찬받지 못할까 봐 염려하지 않는 사람들이 되라고 우리를 부르고 계신다. 우리가 도시 근교에서 안락한 생활을 하면서 주일마다 교회에 가는 것을 즐길 수 있게 하려고 예수님이 세상에 오셔서 십자가에 달려 죽으신 게 아니라는 것을 이해하는 사람들이 되라고 우리를 부르고 계신다.

예수님은 현대사회의 극심한 생존경쟁에 뛰어들어 경쟁할 능력과 승리를 쟁취할 능력을 충분히 갖고 있음에도 태국의 직업여성들에게 복음을 전하기 위해 자신의 삶을 온전히 다 바치는 사람들, 혹은 사업 분야나 의료계나 법조계에서 성공했지만 가난한 사람들과 믿지 않는 직장동료들을 위해 자신의 재정을 아끼지 않는 사람들을 부르고 계신다.

나는 예수 그리스도께서 잘 훈련되고 잘 교육받았으며 경건하고 유능하고, 지혜로우면서도 재능 있는 '아무것도 아닌 사람들'을 부르고 계신다고 믿는다. 우리 각자는 단 하나의 인생을 부여받았다. 이 세상에서 얻은 것들이나 이룬 것들은 당신의 삶을 평가하는 척도가 되지 못할 것이다. 그리스도를 위해서 영원히 얻은 것들이 당신의 삶을 평가하는 척도가 될 것이다. 그리스도께서 이 땅에서 받으시는 그분의 영광과 영원토록 받으시는 영광이 당신의 삶을 평가하는 척도가 될 것이다.

그러니 시시한 장난감을 갖고 놀면서 당신의 인생을 허비하지 말라.

당신의 이름을 유명하게 만드는 데 인생을 허비하지 말라. 대신 예수님의 이름이 모든 나라들 가운데서 높임을 받을 수 있도록 당신의 모든 것들을 바쳐라.

인생은 우리에 관한 것이 아니다

나는 특별할 게 없는 아무것도 아닌 사람이다. 사실 이것은 아시아의 한 영향력 있는 지도자에게 확인받은 사실이다. 4, 5년 전의 한 모임에서 내 이름이 불렸을 때 그의 반응은 이랬다.

"마이클 오가 누구죠? 게다가 그는 완전한 한국인도 아니네요. 그는 일본에서 작은 신학교 하나를 이끌고 있을 뿐이에요. 일본의 중요한 지도자들도 그를 몰라요. 그런 그가 어떻게 로잔위원회에 들어가게 되었는지 정말 이해가 안 돼요!"

그 말을 들었을 때 나는 기뻤다.

'마이클 오가 누구야? 별 볼일 없는 사람이야!'

주님을 찬양하라! 그날 밤 한 행사에서 연설을 하기 전에 나는 일기에 이렇게 적었다.

주여! 저를 마가복음 12장의 과부처럼 만들어주소서. 이름도 없고 가난하지만 제가 가진 모든 것을 예수 그리스도를 위해 쏟아붓게 하소서. 그 과부처럼 되기를 열망합니다. 크게 칭찬받고 존경받는 기성 지도자들에게는 인정받지 못해도 좋으니 우리 주님께는 주목과 긍휼을 받는 종이 되기를 소원합니다. 오늘밤 저를 도우시어 동전 두 닢어치의 제 가치를 주님의 영광을 위해 쏟아붓게 하소서.

예수께서 헌금함을 대하여 앉으사 무리가 어떻게 헌금함에 돈 넣는가를 보실새 여러 부자는 많이 넣는데 한 가난한 과부는 와서 두 렙돈 곧 한 고드란트를 넣는지라 예수께서 제자들을 불러다가 이르시되 내가 진실로 너희에게 이르노니 이 가난한 과부는 헌금함에 넣는 모든 사람보다 많이 넣었도다 그들은 다 그 풍족한 중에서 넣었거니와 이 과부는 그 가난한 중에서 자기의 모든 소유 곧 생활비 전부를 넣었느니라 하시니라 막 12:41-44

나는 대단한 사람이 될 수도 있었다. 나를 잘 아는 사람들은 다들 내가 원하기만 했다면 상당한 돈을 벌 수 있었을 거라고 말한다. 나는 아이비리그로 꼽히는 펜실베이니아대학과 하버드대학에서 네 개의 학위를 받았다. 지금 나는 석사학위 세 개와 박사학위 한 개를 가지고 있다.

우리 누나와 매부, 형님과 아내와 나, 이렇게 다섯 명의 학위는 하버드, 프린스턴, 예일, 코넬, 펜실베이니아대학에서 받은 것을 포함해 모두 열다섯 개이다. 그리고 우리 다섯 명 모두가 현재 선교사로서 선교 현장에 있거나 혹은 선교 현장을 향해 가는 중이다.

어떤 사람들은 이런 이야기를 들으면 비극적이라고 생각한다. 특히 아시아의 부모들이 그렇다. 하지만 다른 사람들은 물론 우리 역시도 이것이 비극적인 일이 아니라 엄청나게 귀하고 값비싼 향유를 예수님의 발에 쏟아붓는 일이라고 생각한다.

그렇다면 대단한 사람이 될 수도 있는 역량을 가진 사람들이 아무 것도 아닌 사람이 되기로 선택하는 이유가 무엇일까? 인생은 우리에 관한 것이 아니기 때문이다! 인생은 '얼마나 많은 돈을 벌 수 있느냐'에 관한 것이 아니다. '얼마나 안락하고 편안하게 살 수 있느냐'에 관한 것이 아니다. '어떻게 하면 유명인사가 되느냐'에 관한 것이 아니다. 심지어 평온한 삶을 살면서 주일마다 예배당에 가는 것에 관한 것도 아니다. 인생은 우리에 관한 것이 아닐 뿐더러 심지어 그들, 곧 일본인들이나 다른 민족들이나 복음 없이 길을 잃은 사람들에 관한 것도 아니다.

궁극적으로 인생은 하나님에 관한 것이다. 예수님은 우리를 위해 죽으셨다. 그러므로 우리 모두에게서 "주여, 주님을 위해 어디든지 가겠습니다! 주여, 주님을 위해 어떤 것이든 하겠습니다!"라는 고백을 들으실 만한 충분한 자격을 갖고 계신다. 인생은 자신의 모든 종들에게 그런 고백들을 받으실 만한 예수님에 관한 것이다.

또한 인생은 "이런 것들은 하나님을 위해서 하겠지만 저런 것들은 못하겠어요!"라고 하나님께 말할 수 있는 권리가 인간에게 없다는 것을 깨닫는 그리스도인들에 관한 것이다. 하나님께서 세계적으로 그리고 우주적으로 예배를 받으시고, 영광을 받으시고, 흠모를 받으실 자격을 충분히 갖고 계시다는 것을 이해하고 있는 그리스도인들, 하나님을 세상 사람들에게 알리는 것이 얼마나 어려운 과업인지 이해하고 있으며, 그 일에 얼마나 큰 희생이 필요한지 이해하고 있는 그리스도인들에 관한 것이다. 인생은 이 세상의 모든 사람들에게 예수님의 위대하심을 전하기 위해 기꺼이 '아무것도 아닌 사람'이 되고자 하는 그리스도인들에 관한 것이다.

예수를 위해 아무것도 아닌 사람이 되라

아버지는 언제나 내가 대단한 사람이 되기를 원하셨다. 그리고 그것을 이루기 위해 할 수 있는 모든 것들을 다 하셨다. 오래전이긴 하지만 부모님은 단돈 3백 달러(한화 약 30만 원)를 갖고 미국에 오셨다. 그러다 도시중심의 빈민가 셋방을 탈출하여 유복한 생활을 시작할 수 있었다.

덕택에 누나와 나는 많은 아이들이 해보지 못한 귀한 경험들을 많이 할 수 있었다. 대학 졸업반이던 어느 주일, 아버지와 점심을 먹다가 나는 선교사가 되고 싶다고 말했다. 아버지는 "음… 안 돼!"라고 딱 잘라 대답하시며 이렇게 말씀하셨다.

"마이클, 나는 네가 미국에서 살았으면 좋겠어. 주일마다 교회에서 너와 네 아이들을 보고 싶고, 또 이렇게 마주 앉아 점심도 같이 먹고 싶구나!"

그러나 나는 그렇게 말하는 아버지에게 말했다.

"아버지! 저를 위해 해주신 모든 것들에 진심으로 감사드려요. 아버지의 희생이 없었다면 오늘의 저는 없었을 거예요. 하지만 좋은 일자리를 얻어서 돈을 많이 벌기 위해, 그래서 제 자식들이 좋은 대학에 들어가서 좋은 일자리를 얻고 돈을 많이 벌 수 있는 모든 기회를 주기 위해, 그리고 더 나아가 그 아이들의 자식들도 좋은 대학에 들어가서 좋은 일자리를 얻어 돈을 많이 벌 수 있는 모든 기회를 주기 위해 좋은 대학에 들어가려고 애쓰면서 살진 않겠어요."

아버지가 내 말에 어떤 반응을 보이셨는지 잘 기억나지 않는다. 기숙사 앞까지 나를 태워다주고 돌아가셨는지 아니면 우리 집에서 차로 30분 거리에 있는 기숙사까지 걸어가게 하셨는지 기억이 가물가물하다.

당신에게 꼭 물어야겠다. 예수님이 십자가에서 죽으셔야 했던 이유가 무엇인가? 우리가 좋은 일자리를 얻어서 돈을 많이 벌 수 있도록, 그래서 우리의 자녀들에게도 좋은 대학에 들어가서 좋은 일자리를 얻어 돈을 많이 벌 수 있는 기회들을 다 줄 수 있도록 예수님이 그 수모와 고통을 감내하면서 십자가에서 죽으셨는가? 바울은 고린도후서에서 이렇게 말한다.

> 그가 모든 사람을 대신하여 죽으심은 살아 있는 자들로 하여금 다시는 그들 자신을 위하여 살지 않고 오직 그들을 대신하여 죽었다가 다시 살아나신 이를 위하여 살게 하려 함이라 고후 5:15

우리가 편안한 인생을 살 수 있게 하려고 예수님이 죽으셨는가? 우리가 대단한 사람이 되어 교회에 나가게 하려고 예수님이 죽으셨는가?

당신이 성공과 출세의 꿈을 좇을 수 있도록 예수님이 죽으셨는가?

우리는 각자 학업을 마친 후에 혹은 경력을 쌓아 대단한 사람이 될 수 있다. 당신 자신의 왕국을 건설할 수 있고, 당신 자신을 유명인사로 만들 수도 있으며, 정말로 안락해질 수도 있고, 존경받을 수도 있고, 인정받을 수도 있으며, 자녀들을 당신처럼 대단한 사람으로 만들기 위해 도움을 줄 수 있다. 그러나 예수 그리스도를 위해서 '아무것도 아닌 한 사람'이 될 수도 있다!

당신에게 정중히 간청하고 싶다. 예수님을 위해 아무것도 아닌 한 사람이 되라고!

오늘의 고향   오성규

어제의 고향은
아버지 할아버지가 태어나신 곳

봄볕따라 실버들 물들면
풀섶에 발 베이며
강가로 뒷산으로 헤메어 다녔고
어머니 부르는 소리 석양따라 은은히 들리던 곳

엄하나 정다운 아버지 목소리
정다운 형제자매의 이야기 소리들
지친 날개로 언제나 날아가면
아직도 그대로 있을 것 같은 정다운 앞뜰

아 ― 지금은 변하여 낯설어진
꿈에나 들려보는 어제의 고향

오늘의 고향은
우리의 아이들이 태어난 이곳
걸음마 배우던 작은 아파트
새벽 잠 깨우던 피아노 연습소리
땀흘려 가꿔온 조촐한 일터
오래된 교회당의 찬양과 기도
친구들의 무덤도 늘어만 가네

이제는 바쁘다 핑계할 날 없다네
어서 와서 손잡고 마음들 비우세

삶은 아름답고 귀한 것일 뿐
사랑과 믿음으로 서로 아끼세
힘차게 이어갈 우리의 전통
연연히 이어갈 우리의 후손
아름다운 내일의 고향을
이곳에 심고 가꾸고 꿈꾸세

＊ 오성규 (마이클 오의 아버지)

I'M

나는 하나님이 쓰시는
가장 작은 자입니다

NOTHING

천국에서 만나요

나임에도 불구하고

태초에 하나님이 … 창 1:1
태초에 말씀이 계시니라 … 요 1:1

나는 이 두 성경구절을 사랑한다. 모든 것의 시작은 하나님이시다. 하나님은 궁극적인 존재이시다. 하나님은 본질적으로 완벽하시고 충분하시며 능력이 있으시다. 하나님께는 우리가 전혀 필요하지 않다. 그럼에도 우리를 사용하기를 바라시고, 우리를 사용하기로 선택하시고, 우리를 사용하는 것을 기뻐하신다.

나는 언제나 요나가 된 것 같은 느낌으로 살아왔다. 나 자신이 '망설이는 선지자'로 여겨진다. 하나님께서 이 시대에 선지자의 목소리가 되라는 소명을 내게 주셨다는 것과 그럼에도 내 이야기가 망설임과 넘어짐으로 가득하다는 두 가지 사실을 잘 알고 있다.

하지만 내가 요나처럼 하나님으로부터 도망쳤음에도 하나님께서는 여전히 내 안에서 그리고 나를 통하여 역사할 것을 선택하셨다. 나이기 때문이 아니라 나임에도 불구하고 말이다!

아래의 내용은 외할아버지 '이세흠' 옹(翁)이 세상을 떠난 2003년 1월 20일 월요일에 내가 적어둔 것이다.

외할아버지의 건강이 악화되고 있다는 소식을 들은 뒤, 직접 만나 뵙고 복음을 전하기 위해 로스앤젤레스에 다녀왔다. 다른 가족들과 마찬가지로 나는 오랜 세월 하나님의 사랑을 거부하면서 살아온 외할아버지가 이제 복음에 긍정적으로 응답하기를 소망하면서 계속 기도해 오고 있었다.

그러나 로스앤젤레스를 방문했던 지난 주 내내 외할아버지는 아무 반응이 없으셨다. 말을 하지 못했고 아무도 알아보지 못했으며 종잡을 수 없이 잠들었다 깼다를 반복하셨다. 다른 가족들과 함께 외할아버지에게 말을 건넸고 한국어 찬송을 부르면서 기도했지만 외할아버지는 계속 잠만 주무실 뿐 아무 반응이 없었다.

집으로 돌아오는 비행기 시간이 주일 밤늦게 예정되어 있었기 때문에 외할아버지와의 마지막 순간을 보내기 위해 병원을 찾아갔다. 어제 그러니까 2003년 1월 19일 주일, 사촌들과 정겨운 저녁시간을 보낸 뒤, 외할아버지를 뵙고 마지막이라 생각되는 시간을 갖기 위해 10시 30분

쯤 병원에 갔다. 필라델피아의 집으로 돌아가는 비행기는 밤 12시 54분에 예정되어 있었다.

그런데 병실에 들어가보니 외할아버지는 잠에서 완전히 깨어 초롱초롱한 눈으로 계셨다. 깜짝 놀랐다. 외할아버지는 침상 뒤 벽 쪽으로 고개를 젖히고 누워 계셨다. 그래서 외할아버지가 나를 잘 볼 수 있게 하고는 외할아버지에게 편하게 말을 하려고 침상 위에 올라앉았다. 그리고 그 주말 내내 그랬던 그대로, 외할아버지에게 말하고 싶었던 것들 몇 가지와 내가 한국어로 할 수 있는 말들을 하기 시작했다.

"할아버지, 저 마이클이에요."

"할아버지를 뵈러 필라델피아에서 왔어요."

"어디 아픈 데 없으세요?"

손에 들고 있던 한국어 찬송가를 펴고 찬송 몇 곡을 부르기 시작했다. 외할아버지의 구원을 바라는 소망에서 나온 행동이라기보다는 외할아버지의 구원을 소망하는 내 마음의 끈을 어떻게든 놓치지 않으려는 절박한 심정에서 나온 행동이었다. 어쨌거나 엄청나게 바빴던 나흘간의 여정으로 몸이 완전 녹초가 되었지만 〈당신은 사랑받기 위해 태어난 사람〉을 한국말로 부르면서 찬송하기 시작했다. 그리고 그렇게 찬송 몇 곡을 부른 뒤 외할아버지에게 말했다.

"할아버지, 예수님 믿으세요!"

"할아버지, 하나님의 사랑과 기쁨과 평화를 받아들이세요. 그리스도를 영접하면 그분의 사랑과 기쁨과 평화를 알게 되실 거예요!"

외할아버지가 내 눈을 똑바로 바라보셨다. 얼굴은 팽팽하게 당겨져 있었고 눈매는 잔뜩 찌푸려 있었다. 몸이 아파서 그런 것인지, 내 권유로 인한 심적 번민 때문인지, 아니면 다른 어떤 이유와 싸우느라 그런 것인지 알 수 없었다.

외할아버지에게 복음은 전혀 새로운 것이 아니었다. 가끔 있었던 교회 방문, 외할머니의 매일의 기도와 영향력, 특히 사촌 동생 헬레나의 신실한 증거의 말들을 통해 예수님의 좋은 소식을 이미 여러 번 들었던 터였다. 문제는 단단히 굳은 외할아버지의 마음이었다.

나는 외할아버지보다 더 영적으로 완고한 사람은 거의 보지 못했다. 불과 몇 주일 전에도 사촌 헬레나가 외할아버지에게 복음을 전하려고 또 한 차례 시도했다가 외할아버지의 고집스러운 말들로 인해 어떻게 할 도리 없이 물러난 일이 있었다. 희망은 거의 없었다. 그래도 온 마음을 담아 병실에 계신 외할아버지에게 계속 복음을 전했다.

"할아버지! 할아버지에게는 시간이 그리 많지 않아요. 예수님을 믿으세요!"

"할아버지를 천국에서 다시 뵙고 싶어요. 하나님을 믿으세요!"

그리고 몇 분 동안, 내가 얼마나 못된 손자였는지를 표현하기 위해 한국어 단어들을 더듬더듬 찾아 말했고, 십대 시절에 외할아버지에게 지었던 죄들을 고백했다. 또한 하나님께서 내 인생을 어떻게 변화시켜주셨는지, 그리고 하나님과 우리 가족들과 내가 외할아버지를 얼마나 사랑하는지 말했다.

"할아버지, 사랑해요!"

그런 상황에 대한 좌절과 빡빡한 여정이 가져다준 기진맥진함 때문에 나는 외할아버지 침상에서 내려와 옆에 놓인 의자에 앉아 침상에 고개를 기댔다. 그리고 외할아버지의 발을 붙잡고 기도했다.

"하늘에 계신 아버지, 저는 지금 너무 지쳐 있습니다. 제 외할아버지에게 자비를 베푸소서! 그가 하나님의 사랑을 받을 자격이 없다는 것 혹은 이렇게 인생의 마지막 순간에 이르러 구원받을 자격이 없다는 것을 잘 압니다. 그러나 주여, 그에게 주님의 자비를 보이소서!"

깊이 심호흡을 한 뒤, 내 마지막 결의와 주님이 주시는 힘을 모두 모아 외할아버지 침상 위로 다시 올라갔다. 외할아버지의 손을 붙잡고 한국 찬송가를 펴서 〈신자 되기 원합니다〉를 불렀다. 찬송을 부르면서 외할아버지의 눈을 계속 응시했다.

세 번의 끄덕임

외할아버지를 방문했던 지난주 내내 분명해진 게 하나 있다면 외할아버지가 계속 무반응이라는 것이다. 외할아버지는 말을 하지 못했고 다른 가족들을 알아보는지 그렇지 않은지를 표현하지 못하셨다. 외할아버지는 우리의 질문에 대답하지 못하시거나 혹은 대답하지 않았다.

지난 토요일과 주일에 내가 드렸던 기도들은 외할아버지의 마음에서 과연 기적이 일어났는지 판단할 수 있도록 가장 작은 표시라도 보여달라고 하나님께 매달리는 애원이 되었다. 나는 우리 가족들을 위한 확신과 위로를 요청드리며 한 가지 증표를 구했다. 외할아버지의 눈물이 그것이었다.

찬송을 부르고 나서 외할아버지에게 말을 하는데, 외할아버지의 눈이 아주 미미하지만 평소보다는 더 많은 물기로 그득해진 것 같은 느낌이 들었다. 심지어 외할아버지는 생전 처음 무엇인가를 내게 말하려고 애쓰고 계셨다.

"할아버지, 말하고 싶은 게 있어요? 무슨 말을 하고 싶으세요?"

그러나 외할아버지와의 그 귀한 순간은, 물이 가득 들어 찬 외할아버지의 폐 깊은 곳에서 나온 뭔가를 긁는 것 같은 기침으로 끊어졌다. 시계를 보니 공항으로 곧 출발해야 할 시간이었다. 피곤에 지친 내 몸은 얼른 병원을 떠나 공항으로 가라고 재촉했고, 내 정신은 서툰 한국말을 더듬거리느라 기진맥진했다. 그래서 이번에는 고통으로 일그러진 얼굴로 외할아버지를 다시 내려다보면서 영어로 간청했다.

"제발요, 할아버지! 예수님을 믿으세요! 예수님을 바라보시고 할아버지의 인생을 예수님께 굴복시키세요! 할아버지는 너무 완고하셨어요. 그러나 이제 죽음을 앞두고 계세요. 할아버지는 하나님의 사랑을 받을 자격이 없어요. 하나님을 거부하면서 일평생을 살아왔기 때문이에요. 하지만 하나님은 여전히 할아버지를 사랑하시고 하나님의 은혜를 여전히 할아버지에게 내밀고 계세요. 할아버지, 제발 하나님께 마음을 여세요!"

다시 시계를 보았다. 더 지체하면 비행기 시간에 늦을 것 같았다. 그런 상태로 잠시 머뭇머뭇하다가 상체를 숙여 외할아버지를 안아드리며 말했다.

"할아버지, 사랑해요!"

찬송을 한 곡만 더 부르고 공항으로 출발하려고 한국 찬송가를 뒤적이다가 〈나 같은 죄인 살리신〉(Amazing Grace) 찬송을 아직 부르지 않았다는 것을 알았다. 그래서 형편없는 내 한국어 발음을 누가 듣든 말든 노래하기 시작했다.

"나 카튼 췌인 살리쉰… ."

그리고 침상에 다시 올라 외할아버지 옆에 무릎을 꿇고 마지막 소망을 담아 물었다.

"할아버지, 예수님을 믿으시겠어요? 정말 알고 싶어요!"

그 순간 깜짝 놀라고 말았다. 지난 며칠 동안 계속 잠만 자면서 아무 의사표현도 못했던 외할아버지가 아주 작은 동작이었지만 고개를 위 아래로 움직여 끄덕이는 것처럼 보였기 때문이다.

"할아버지! 정말로 예수님을 믿으세요?"

다시 또 한 번의 끄덕임! 내가 헛것을 본 게 아니었다. 확인하고 싶은 소망과 아니면 어쩌나 하는 우려 둘 다를 안고 세 번째로 물었다. 꼭 알아야 했다.

"할아버지! 정말로 예수님을 믿으세요?"

다시 세 번째의 끄덕임!

"정말이죠? 할아버지, 너무 기뻐요!"

그럼에도 우리를 구원하신다!

무엇인가를 말하려고 애쓰는 외할아버지 모습에 다시 깜짝 놀랐다.

물론 외할아버지는 아무 말도 하지 못했다. 그러나 그런 노력이 감사했다. 외할아버지의 머리에 손을 얹고 민수기에 나오는 축복의 기도를 했다.

"여호와는 네게 복을 주시고 너를 지키시기를 원하며 여호와는 그의 얼굴을 네게 비추사 은혜 베푸시기를 원하며 여호와는 그 얼굴을 네게로 향하여 드사 평강 주시기를 원하노라 아멘"(민 6:24-26 참조).

마지막으로 다시 한 번 외할아버지를 포옹하면서 "천국에서 만나요, 할아버지!"라고 말한 뒤에 떠날 준비를 했다. 침상에 누워 있는 외할아버지를 보는데 그 얼굴에 새로운 평화가 깃들어 있는 것 같았다. 긴장은 사라졌고 외할아버지는 평화롭고 고요하게 눈을 감고 잠들어 있었다. 외할아버지가 30분 동안 그렇게 맑고 또렷한 정신으로 깨어 있었다는 게 아직도 믿어지지 않는다.

말할 수 없는 기쁨으로 벅찬 가슴을 안고 로스앤젤레스에서 필라델피아로 돌아가는 야간비행기에 올랐다. 잠 못 이루는 몇 시간의 불편한 비행 끝에 아침에 필라델피아에 도착하자마자 바로 곯아떨어졌다. 그러나 아내가 나를 깨워 사촌 동생 헬레나에게 전화가 왔다고 했다. 그녀의 목소리는 절망으로 가득했다.

"마이클 오빠… 할아버지가 돌아가셨대!"

"잠깐! 내가 로스앤젤레스에 갔을 때 무슨 일이 있었는지 들어봐!"

그리고 하나님께서 그 전날 밤에 보여주셨던 놀라운 은총과 능력에 대해 그녀에게 이야기해주었다. 외할아버지는 내가 떠나고 나서 몇 시간 뒤에 숨을 거두셨다. 외할아버지를 잃은 것을 애도하고 있던 우리 가족의 절망적인 슬픔은 그 전날 밤의 소식이 퍼지면서 놀라운 기쁨으로 변했다.

어린 시절에 외할아버지를 대했던 모습으로만 판단하면 나는 모든 손주들 중에서 가장 보잘것없는 자였다. 외할아버지가 나를 경멸했대도 어쩔 수 없을 만큼 나는 할아버지께 못되게 굴었다. 만일 그 일로 주님의 일을 할 자격을 내게서 박탈하셨다고 해도 나는 할 말이 없다.

그러나 하나님께서는 그런 나임에도 불구하고 은혜롭게 역사하셨다. 완고하셨던 우리 외할아버지는 예수님의 십자가 옆에 달렸던 강도, 하나님과 하나님의 길을 고집스럽게 거역하면서 일평생을 살았지만 마지막 순간에 은혜로 구원받은 그 강도와 마찬가지로 이 땅에서의 마지막 순간에 하나님의 자비로 구원을 받았다.

내가 진실로 네게 이르노니 오늘 네가 나와 함께 낙원에 있으리라

눅 23:43

하나님께서는 우리와 같은 자를 사용하셔서 인생을 구원하신다!

그럼에도 불구하고

한낮의 공포

펜실베이니아대학 1학년이던 1990년 봄방학에 나는 플로리다 데이토
나 해변에 있었다. 만약 그때가 1년 전의 1989년이었다면 나는 흥겨
운 파티에 어울리기 위해 그곳에 있었을 것이다. 그러나 하나님께서는
자비롭게도 내가 대학에 들어가기 전에 내 삶에 개입하셨고, 나는 기
독동아리의 '해변 전도 프로젝트'를 위해 그곳에 있게 되었다.

우리 일행들은 낡은 승합차 한 대에 타고 필라델피아에서 플로리다
로 이동해 외딴 모텔에 짐을 풀었다. 첫날 밤은 내 방 밖에서 만취한
채로 시끌벅적 파티를 벌이고 있는 폭주족들에게 둘러싸인 채 혼자 밤
을 지새워야 했다. 어느 날 밤에는 마약 기운에 몽롱해진 것으로 보이
는 노숙자 한 사람이 해변을 거닐고 있는 우리에게 다가와 "네 놈들이
누군지 알아! 우리한테 예수에 대해 말하려고 여기 온 거지?"라고 말

하기도 했다.

술과 마약에 취한 사람들이 득실대는 해변의 밤은 무서웠다. 그렇지만 낮이라고 사정이 덜한 것은 아니었다. 낮에는 다른 두려움이 나를 기다리고 있었다. 복음 전도 사역이 그것이었다. 우리는 분명한 복음의 메시지를 전할 수 있는 기회를 얻기를 바라는 마음으로 대화할 사람들을 찾아 해변을 샅샅이 훑고 다녔다. 둘씩 짝을 지어 다녔는데, 나는 언제나 상급생과 짝이 되려고 애썼다. 신체적으로는 아니더라도 심적으로 상급생 뒤에 숨기 위해서였다.

어느 날, 자넷이라는 상급생과 짝이 되었다. 그녀도 나처럼 한국계 미국인이었다. 해가 뉘엿뉘엿 기울면서 주간 전도 사역을 거의 끝마칠 시간이 되었을 무렵, 수많은 젊은이들의 따가운 시선과 비웃음을 받으면서 기나긴 하루를 보낸 나는 남들의 이목이 쏠리지 않는 곳에서 편안하게 쉬고 싶었다. 그러나 우리 두 사람 가운데 누군가가 한 번만 더 시도해보자고 제안했다. 정확히 기억나지는 않지만 내가 그런 제안을 했을 리는 없고, 아마 그녀였던 것 같다.

그래서 대화 상대를 찾아 해변을 거니는데 그녀가 말했다.

"아시아인들과 말할 수 있으면 좋을 거 같아!"

나도 고개를 끄덕이면서 용감하게 덧붙였다.

"맞아. 군중들에게서 좀 떨어져서 따로 있는 사람들이면 좋겠어!"

그러자 그녀가 말했다.

"두 사람이면 더 좋을 거 같아."

이어 나는 말했다.

"맞아, 여자들 두 명보다는 남자들 두 명이면 더 좋고!"

얼마 후에 우리 둘은 해변의 수평선을 바라보다가 해변 저편에 아시아인 남자 두 명이 군중들에게서 따로 떨어져 앉아 있는 것을 보았다. 자넷과 나는 동시에 서로를 쳐다보았고, 하나님께서 주신 기회를 잡았다.

하나님의 타이밍

우리는 캐나다에서 공부하고 있는 두 명의 인도네시아 교환학생 케일럽과 헹키에게 복음을 전했다. 두 사람은 대단히 친절했지만 기독교 신앙에는 거의 무관심했고 적대적이기까지 했다. 두 명 중 한 사람은 그로부터 얼마 전에 라스베이거스의 한 카지노에서 수천 달러를 잃어 고민하고 있었다.

그들과 우리 사이에는 영적인 틈이 있었지만 인간적인 면에서는 죽이 잘 맞았고, 자넷과 나는 그해 여름 캐나다 토론토로 그들을 방문하여 한 번 더 복음을 전했다. 그리고 그 방문기간 동안에 하나님께서 케일럽의 마음을 열어 복음을 받아들이게 하셨다. 나중에 알고 보니 그의 인생은 너무 모질고 가혹했다. 심지어 그는 아파트 옥상에서 자살을 기도하여 거의 목숨을 잃을 뻔했다고 말하면서 현장을 내게 보여주기도 했다. 그날 하나님께서는 케일럽을 절망에서 희망으로 구조해주셨다.

그로부터 20년 뒤의 어느 날, 메일 한 통이 날아왔다. 케일럽이 보낸

'옛 친구가 안부를 전하네!'라는 제목의 메일이었다.

나를 여전히 기억하고 있는지 궁금해. 오래전 플로리다 데이토나 해변에서 자네가 내게 그리스도를 전해주었잖아. 그리고 몇 개월 후에 자넷이라는 친구와 토론토에 와서 하나님께서 나를 사랑하시고 또 쓰기를 원하신다는 하나님의 메시지도 전해주었지. 그 순간은 하나님과 동행할 수 있게 된 내 인생의 전환점이었어. 나는 그 순간을 다시 태어난 순간으로 여기고 있다네. 이후로 하나님께서 내 인생에서 그리고 내 인생을 통해 정말 놀라운 일들을 많이 행하셨어. 하나님의 영광을 찬양하라!

남아프리카공화국 케이프타운에서 열린 로잔대회에 인도네시아 대표로 초청된 그가 로잔 웹 사이트에서 내 이름과 사진을 발견하고 메일로 연락을 해온 것이었다. 현재 그는 인도네시아 수라바야 시에 위치한 1만 명 규모 교회의 담임목회자로 하나님을 섬기고 있다.

우리는 미쁨이 없을지라도 주는 항상 미쁘시니 자기를 부인하실 수 없으시리라 딤후 2:13

디모데후서의 이 말씀은 우리의 마음에 말할 수 없는 위안을 주는 동시에 강한 확신을 불러일으키는 하나님의 약속이다. 특히 이 말씀은 어려운 상황에서 사역하는 이들에게, 자신이 미덥지 못할 때가 한두 번이 아니라는 것을 잘 알고 있는 사람들에게 더 없는 위로가 된다.

케일럽에게 인생의 전환점이 되었던 그날은 나 같은 자에게도 하나님께서 어떻게 역사하시는지를 체험한 첫 번째 날이었으며, 나는 비록 미덥지 못하지만 하나님은 그렇지 않으시다는 것을 깨달은 내 인생의 첫 번째 순간이었다. 하나님께서는 자신을 부인하지 않으신다. 그분은 자신을 부인할 수 없으시기 때문이다.

케일럽과 나는 그로부터 얼마 후 남아프리카공화국 케이프타운에서 개최된 제3차 로잔대회에서 기쁘게 재회했다. 우리는 20년 전의 일들을 서로의 입장에서 이야기하는 기회를 가졌다. 그는 자살을 기도하여 스스로 목숨을 끊을 뻔했던 20년 전의 그 아파트 옥상을 절대 잊지 못할 거라고 말했다. 그래서 내가 그에게 말했다.

"하나님께서는 '이 세상에서' 자네를 쓰실 거야!"

최고의 동역자를 얻다

9
CHAPTER

운명적 만남

펜실베이니아대학 신입생 시절이었다. 당시 아버지는 필라델피아 지역의 병원 몇 곳에서 산부인과 의사로 계셨는데 그중 한 병원의 분만실에 '박 간호사'라는 한국인 간호사가 있었다. 그녀의 딸도 펜실베이니아대학 신입생이었다. 그래서 아버지는 박 간호사 딸과 인사하고 친하게 지내라고 내게 말했다.

누구인지도 모르는 낯선 사람의 딸과 인사를 해야 한다는 게 영 달갑지 않았지만, 일단 그렇게 하겠다고 했다. 대학교 1학년 생활을 시작한 처음 몇 주 동안 나는 박씨 성을 가진 1학년 여학생을 만날 때마다 "혹시 어머니가 분만실 간호사로 일하고 있나요?" 하고 묻곤 했다.

하지만 박씨 성을 가진 1학년 여학생들 서너 명에게 "아니요!"라는 대답을 듣자, 마치 여학생들에게 추근대는 스토커가 된 것 같은 느낌이 들어 더 이상 묻지 않기로 했다.

그렇게 대학 첫 학기 6주 정도가 지났을 무렵, 내가 가입하여 활동하고 있던 기독동아리에서 금요일 밤에 스케이트 야유회를 갖기로 했다. 우리는 내 기숙사 근처에서 모여 어느 스케이트장으로 갈지 함께 의논했다. 의논을 끝내고 다른 기숙사 건물 앞을 지나가는데, 우리 가운데 있던 한 남학생이 잠깐 기다려달라고 했다. 자기 여동생도 펜실베이니아대학에 다니고 있는데 스케이트를 타러 같이 갈 의향이 있는지 물어보겠다고 했다.

마침내 그의 여동생이 왔고 우리는 함께 스케이트장으로 향했다. 한참 재미있게 스케이트를 타던 중에 직원들이 빙판 정리를 시작하여 우리 모두는 스탠드에 앉아 담소를 나누었다. 그때 번뜩 이런 생각이 들었다.

'저 여학생이 박 간호사님의 따님이 아닐까?'

긴 머리카락에 깊은 보조개를 지닌 그녀에게 다가가 물었다.

"혹시 박 간호사님 따님 되시나요?"

거의 동시에 그쪽에서도 질문이 날아왔다.

"혹시 오 박사님의 아드님?"

나는 그녀에게 지난 몇 주 동안 내 질문을 받고는 분명 수작을 거는 거라고 생각했을 박씨 성을 가진 여러 명의 1학년 여학생들에 대해 이야기했다. 그녀는 까르르 웃더니 사실 기숙사에 입주하던 날 나와 우리 아버지가 캠퍼스를 지나가는 것을 자기 엄마와 보았고, 이에 자기 엄마가 가서 인사하자고 제안했지만 자기가 "제발 참아줘!"라고 엄마에게 말했다고 고백했다.

그 여학생의 이름은 펄(Pearl, '진주'라는 뜻)이었다. 그로부터 43개월 후 나는 그녀에게 청혼했다.

우리의 공통분모

아내와 나를 그전에 만나지 않게 해주신 하나님이 얼마나 감사한지 모르겠다. 만약에 불안과 분노와 오만함이 괴상하게 결합되어 있던 고등학교 시절의 나를 그녀가 만났다면 분명히 싫어했을 것이기 때문이다!

그렇다고 그녀가 고등학교 시절에 다른 남자아이들을 사귀었다는 말은 아니다. 사실 그녀의 고등학교 시절, 많은 아시아계 남학생들이 그녀를 좋아했다. 하지만 몹시 수줍음이 많았던 그녀는 남자아이들의 데이트 신청을 거절했다. 그녀는 엄마와 함께 집에 있을 때 가장 행복해했다. 그녀는 남학생들과 데이트하는 것은 말할 것도 없고 주말에도 잘 외출하지 않았다. 그녀가 가장 끔찍하게 여겼던 순간은 학년말 댄스파티에 같이 가달라고 아무 여학생에게나 닥치는 대로 부탁하고 보는 얼빠진 아시아계 남자아이들의 전화를 받을 때였다.

반면 나는 아시아계 여자아이들에게는 관심이 없었다. 아시아계 여학생과 데이트를 하면 내가 여느 미국 아이들과 다르다는 사실이 더 부각될 거라고 생각했다. 물론 미국에서 태어나 자란 나는 미국 국적을 갖고 있었고 또 지금도 갖고 있다. 하지만 가만히 생각해보면 내가 백인 친구들과 달랐기 때문에 오히려 전혀 다르지 않다고 나 자신에게 주지시키려 했던 것 같다.

그래서 나는 미국 여자친구들과 데이트를 하겠다는 확고한 바람을 가졌다. 내가 아름다움과 바람직함에 대해 사회적으로 숙고한 견해가 바로 그것이었다. 하지만 당시를 깊이 생각해보면, 결국에는 한국 여자나 아니면 적어도 아시아계 여자와 결혼할 거라는 생각도 갖고 있었던 것 같다.

왜냐하면 대학에 다닐 무렵부터 아시아인과 한국인으로서 내 생물학적 주체성이 강화됐기 때문이다. 그 이유는 무엇보다 펜실베이니아대학에서 정말 많은 아시아계 학생들에게 둘러싸여 있었고, 또한 내가 미국인들뿐만 아니라 아시아인들도 좋아한다는 것, 다른 한국계 미국인들과 공통된 부분들을 정말 많이 갖고 있다는 것, 내가 자란 환경이 내가 깨닫고 있던 것보다 훨씬 더 아시아적이라는 사실을 알게 되었기 때문이다.

나는 성장하던 시절 동안 한국말을 거의 하지는 않았지만 듣기는 매일 들었다. 따라서 펜실베이니아대학에서 한국어 강의를 듣는 게 내게는 정말 쉬웠을 뿐만 아니라 재미도 있었다. 더불어 삼시 세끼 한국 음식을 먹고자 하는 열정도 갑자기 생겨났다. 당시 나는 기숙사 생활을 하고 있었지만 펜실베이니아대학이 우리 집에서 차로 30분 거리였기 때문에 어머니가 해준 미역국, 김치찌개, 장조림 같은 음식들을 얻어다가 먹을 수 있었다. 밤늦은 시간에 한국계 미국인 친구들을 불러 먹다 남은 김치찌개를 데워 각자 숟가락 하나씩 들고 같은 냄비에서

퍼먹곤 했는데 그것이 그들과의 끈끈한 유대감을 형성하는 소중한 순간이었다.

문화 충격

하지만 나는 다른 한국인들만큼 한국적이지는 못했다. 그리고 문화 충격도 여전히 있었다. 나는 장인어른에게 처음 인사하러 갔을 때 엄청난 문화 충격을 받고 말았다. 당시 아내와 나는 내게 세례를 주신 헨리 고 목사님이 창립하고 테드 임(임택원) 목사님이 이끄는 필라델피아한인연합교회에 다니고 있었다. 어느 주일, 예배를 마친 뒤에 아내의 부모님에게 인사를 드리러 가기 위해 그녀의 부모님이 출석하는 교회로 차를 몰았다.

아내는 규모도 작고 가족 같은 분위기의 한인 교회에서 줄곧 성장했다. 그녀가 자란 교회는 한국적인 분위기가 강했던 반면 내가 자란 교회는 미국적인 분위기가 더 강했다. 아내의 어머니는 나를 매우 다정하게 대해주셨다. 충분히 예상할 수 있던 일이었다. 우리 아버지를 알고 있을 뿐 아니라 함께 일하고 있었기 때문이다. 또한 그 분이 대단히 유쾌하고 재미있고 친절한 분이라는 것도 알게 되었다.

그러나 장인어른과의 만남은 충격이었다. 사실 나는 매우 기본적인 한국어를 구사하는 것도 익숙하지 않은 환경에서 성장했음에도 "안녕하세요?"라고 한국말로 깍듯하고 예의 바르게 인사를 드렸다.

하지만 당시 장인어른은 나를 쳐다보지 않았다. 그때 얼마나 놀랐는지…. 그 분은 말 그대로 나를 거들떠보지도 않으셨다! 내게 아무 말도 하지 않으셨다. 마치 내가 투명인간으로 거기 있는 것만 같았다. 나는 고명딸을 둔 한국인 아버지에게 완벽하게 존재를 부정당하는 기이한 현상을 체험했다.

앞으로 장인이 될 어른을 만나 무시를 당한 뒤에 생각해보았다.

'내가 뭐가 마음에 안 든 거지? 나는 한국인이고, 그리스도인이고, 의사의 아들이고, 펜실베이니아대학생이야. 게다가 저 분은 우리 아버지도 알고 있는데 왜 내가 마음에 들지 않은 걸까?'

나중에서야 장인어른이 내게 말했다.

"당시에는 자네가 아니라 그 누가 왔어도 만족하지 못했을 거네. 그 누가 왔어도 좋아하지 않았을 거야!"

그로부터 많은 세월이 흐른 지금, 네 명의 딸을 둔 아버지로서 당시 장인이 느꼈을 감정을 조금은 이해할 수 있을 것 같다. 미국에는 자신의 딸에게 흑심을 품고 자신의 집에 발을 들여놓는 한국인이 아닌 청년들을 '환영하기' 위해 가장 맵고 냄새 독한 김치찌개를 준비하라고 아내에게 말하는 한국인 아버지들의 이야기가 많다. 나 역시 우리 딸들에게 관심을 갖고 감히 내게 접근할 어떤 청년에게든 경고하지 않을 수 없다. 전설이 되고도 남을 내 성대한 '환영식'을 고대하라고!

영원히 잊지 못할 순간
문화적 차이와 혼동은 우리의 약혼 과정에도 계속되었다. 부모님은 아내와 내 관계가 시작될 때부터 진지한 관계였다는 것, 단순한 연애가 아니라 결혼을 전제로 하는 교제라는 사실을 잘 알고 있었다. 그래서 나는 우리의 졸업식이 다가올 무렵, 청혼에 대해 본격적으로 생각하기 시작했다. 당시 나는 펜실베이니아대학원을 졸업하고 아내는 펜실베이니아대학을 졸업할 때였다.

어머니는 자신의 약혼반지를 선뜻 내줄 만큼 내 청혼을 도와주셨다. 어머니는 그 반지에서 작은 다이아몬드를 빼서 아름답고 새로운 다른 반지에 끼워넣으셨다. 하루는 교회에 가는데 아버지가 밖에까지 따라오셔서 내게 물었다.

"아직 청혼을 안했니?"

"네…."

"그럼 오늘 하는 건 어떨까?"

좋은 생각인 것 같아 다시 집으로 들어가 그 반지를 갖고 나와 교회로 향했다. 예배가 끝난 뒤 아내와 나는 그녀의 부모님 집으로 갔다. 그녀의 부모님은 내가 다니던 예배당 근처에 살고 있었다. 그들에게 함께 기도하자고 제안했다. 우리 네 명은 거실로 가서 소파 옆에 무릎을 꿇고 한 명씩 돌아가면서 기도하기 시작했다.

그리고 누군가가 기도할 때 나는 호주머니에서 조용히 반지 케이스를 꺼내 소파 밑에 놓고 뚜껑을 열었다. 마침내 내가 기도할 차례가 되었다. 기도를 하는 중간에, 그리고 내 기도의 일부로서 주님 앞에서 아내에게 청혼했다.

당연히 아내는 깜짝 놀랐다. 그녀는 몇 초의 시간이 흐른 뒤에야 무슨 일이 일어나고 있는지 깨달았던 것 같다. 그럴 수밖에! 내가 아내와 아내의 부모님과 함께 기도를 하면서 뜬금없이 청혼을 했으니…. 마침내 아내가 울먹이면서 나를 포옹했다.

그날 우리는 그 기도를 끝마치지 못했다. 하지만 그날의 그 기도는 아내와 내가 현재 선교사 부부로서 살아가고 있는 삶과 섬김을 통해 지금도 계속되고 있다. 어느 날엔가 그 기도가 끝날 것이고, 우리는 함께 '아멘!'이라고 말할 것이다.

다음날, 펜실베이니아대학의 모든 학생들이 학위수여식을 위해 한자리에 모였다. 우리는 학위과정을 끝마쳤을 뿐만 아니라 약혼의 기쁨으로 들떠 있었다. 아내는 무척이나 흥분해 있었지만 또한 무척이나 수줍게 그 약혼반지를 끼고 있었다. 그녀의 손가락에 끼워진 반지를 보고 무슨 일이 있었는지 알아차린 친구들은 환하게 웃으면서 환호했다.

그날 밤 우리는 다시 아내의 부모님을 찾아뵈었다. 서로를 약혼자로 대하는 우리를 본 그녀의 어머니는 기뻐하셨고, 아버지는 당황하여 어리둥절해하며 말씀하셨다.

"그러면 말이야, 내년에 약혼식을 하고 내후년쯤에 결혼식을 올리자꾸나!"

나중에 들으니 그날 내가 떠난 뒤에 아내와 어머니가 미국에서는 반지와 청혼이 곧 약혼의 시작이라고 설명하여 간신히 장인을 납득시켰다고 한다. 아내의 어머니는 그 기쁜 소식을 한국에 있는 친구들과 가족들에게 전하기 위해 국제전화를 하면서 그날 밤과 다음날 새벽 시간 거의 대부분을 보냈다. 그러나 우리는 그해 여름에 장인어른의 바람대로 한국식의 약혼식을 올렸다. 요즈음 한국 드라마들을 많이 본 덕에 내가 당시 한국의 전통적인 절차를 얼마나 많이 건너뛰었는지 비로소 깨닫고 있다.

귀한 영적 유산

나의 장인장모는 더 없이 좋은 분들이다. 그들보다 더 좋은 분들을 하나님께 구할 수는 없을 것이다. 그 분들은 많이 기도하면서 신실하게 그리스도를 따르는 훌륭한 분들이다. 두 분은 단 하루도 빼놓지 않고 이른 새벽에 우리를 위해 혹은 나를 위해 기도하신다. 두 분은 아내와 아이들과 나를 정말 사랑하신다.

두 분은 부자가 아니다. 그러나 믿음에 있어서는 부유하시다. 두 분은 우리에게 큰 재산을 물려주지 못하시겠지만 이미 우리에게 물려주신 영적 유산의 가치는 값으로 따질 수 없다. 그 분들은 사회적으로 이익이 되는 연줄도 많이 갖고 있지 않다. 하지만 두 분이 그리스도와 교회와 맺고 있는 영적 관계들은 실로 친밀하고 폭넓다.

최고의 시부모님이나 처부모님은 누구일까? 만일 당신에게 세속적인 혜택을 많이 주는 어른들을 최고의 시부모님이나 처부모님이라 생각하고 있다면 당신은 큰 것을 놓치고 있는 것이다. 주님을 사랑하고 당신을 위해 신실하게 기도하는 부모님을 갖는 축복을 받는 것보다 더 경이로운 것은 없다. 사회적인 연줄과 세속적인 부유함은 당신에게 여기 이 땅에서 세속적인 이득을 줄 지 모르겠지만, 믿음으로 충만한 축복은 영원토록 지속될 것이다.

나는 아내의 생일이 될 때마다 그리도 멋지고 경건한 딸을 키워주신 것에 대해 장인어른과 장모님에게 감사의 말씀을 전하는 것을 잊지 않으려고 노력한다.

하나님을 향한 그리움의 갈망

밥이나 먹고 읽지 그래!

1990년 여름, 여름 선교여행으로 한국과 필리핀에 갔다. 아내와 내가 교제를 시작하고 처음으로 맞는 여름이었다. 그해 여름, 8주가량이나 되는 시간을 아내와 떨어져 있었다. 우리가 그렇게 오래 떨어져 있기는 처음이었다. 그녀는 거의 매일 내게 편지를 보냈지만 나는 본부로 왔을 때만 받아볼 수 있었다. 따라서 내가 선교 현장에서 본부로 돌아왔을 때마다 미국에서 날아온 편지들이 나를 기다리고 있었다. 편지지에는 녹색 줄기의 핑크빛 장미들이 새겨져 있었고 봉투에서는 아내가 뿌린 향수의 향이 은은하게 배어나왔다.

나는 봉투에 적힌 주소에서 그녀의 필체를 바로 알아보았고, 그녀의 편지를 읽을 때마다 그리움에 젖어들면서 그녀와 함께 있고 싶어 죽을 지경이 되곤 했다. 때로는 식사시간에 우편물이 도착하기도 했는데 그럴 때면 그녀가 보낸 편지들을 손에 들고 조용한 곳을 찾아 밥 먹는 것도 잊은 채 읽어나가곤 했다. 점심 메뉴가 무엇인지는 중요하지 않았다. 중요한 것은 편지로나마 그녀와 함께 시간을 보내는 것이었다.

처음에 팀 동료들은 "밥 먹으러 안가?" 혹은 "밥 먹고 읽지 그래!"라고 말했지만 나중에는 아내가 보낸 편지를 읽고 있다는 것을 알면 나를 그냥 내버려두었다.

존 파이퍼(John Piper, 미국의 목회자, 개혁주의 신학자)는 "그리스도인의 금식은 본질적으로 하나님을 향한 그리움의 갈망이다"라고 말했다. 금식은 기도와 더불어 하나님을 향한 우리의 사랑을 숭고하게 표현하는 방식의 하나이다. 금식은 "주여, 주님은 생명의 떡이십니다. 주님은 제 영혼의 사랑이십니다. 주님과 함께 있기를 갈망합니다"라는 우리의 선언이다.

금식은 부자연스럽다. 우리는 음식이 필요하도록 창조되었고, 음식을 즐기도록 창조되었다. 그러나 인생의 다양한 필요들 가운데 먹는 것보다 더 필요하고 더 중요한 무엇인가가 있다. 바로 하나님이시다! 하나님의 목적이다! 하나님의 나라를 건설하는 것이다! 따라서 금식은 인생에서 우선 순위와 관련하여 하나님의 자리와 인간의 자리를 인정하는 것이므로 깊은 의미가 있다.

금식은 우리가 궁극적으로 하나님을 의존할 수밖에 없는 존재라는 것을 나타내는 한 가지 표현이다. 그리고 하나님의 이름을 거룩하게 하고, 하나님의 뜻을 행하며, 하나님나라의 도래를 지향하여 일하는 것에 온전히 전념하고자 하는 우리의 헌신적 다짐을 천명하는 것이다.

금식은 갈망과 절박함과 기회를 나타낸다. 금식이 '갈망'이라는 것을 존 파이퍼는 《하나님께 굶주린 삶》(A Hunger for God)에서 잘 설명하고 있다. 그는 금식이란 "이만큼 많이, 제가 하나님을 원합니다!"라는 선언이라고 말한다.

금식은 하나님을 향한 갈망에서 나오는 반응이다. 하나님의 영광을 향한 갈망에서 나오는 반응이다. 하나님이 모든 곳에 알려지기를 바라는 갈망이며, 하나님께서 모든 곳에서 사랑 받으시고, 흠모 받으시고, 예배 받으시기를 바라는 갈망에서 나오는 반응이다.

사도 바울이 "내가 그리스도와 그 부활의 권능과 그 고난에 참여함을 알고자 하여 그의 죽으심을 본받아"(빌 3:10)라고 말했을 때 가졌던 것과 같은 갈망에서 나오는 반응이다. 그것은 현재의 것들을 심지어 음식까지도 저버리게끔 영감을 주는 갈망이다. 그래서 금식은 부자연스러운 것이기도 하지만 또한 매우 합당한 것이기도 하다.

그리고 금식은 단순한 음식 그 이상에 관련되어 있다. 우리는 하나님을 더욱 깊이 알고, 하나님을 더욱 철저하게 의지하며, 하나님을 더욱 크게 높이고, 하나님나라를 더욱 효율적으로 건설하는 것을 지향하여 금식한다.

우리는 음식만 금하는 것이 아니라 하나님의 손에서 나온 인생의 다른 축복에 대해서도 금식할 수 있다. 그리고 이것은 선교사들에게 매우 익숙한, 그러나 선교사들에게만 주어진 것은 결코 아닌 '소명'이다. 선교사들은 위로와 인정(認定)과 가족을 금식한다.

위로를 금식하는 사람들

내 친구는 아프리카의 빌리(Vili) 부족에게 성경을 번역해주기 위해 콩고에서 사역하고 있다. 아내와 자녀들을 데리고 그곳에서 일하고 있는 그가 질식할 것 같은 콩고의 무더위와 습도에 대해 태연하게 전해주거나 자신의 딸아이가 말라리아에 감염되었지만 자기들 모두는 비교적 잘 지내고 있는 편이라고 말하면 나는 언제나 웃으면서 고개를 절레절레 흔든다.

그는 아프리카에서 해마다 1백만 명의 어린이들이 백신이 없어 말라리아에 걸려 죽는다는 사실을 내게 말하지 않는다. 그런 열악한 환경에서 사역하느라 고생이 이만저만 아니라고 하소연을 늘어놓지도 않는다. 그렇게 그 친구는 '위로'를 금식한다.

어떤 선교사들은 큰 정치적 불안과 위험에 직면해 있다. 이처럼 위로는 세계 도처의 많은 그리스도인들이 일상의 현실로, 그리고 별다른 선택의 여지없이 금식하고 있는 분야이다.

인정을 금식하는 사람들

해외에서 수십 년 동안 신실하게 사역하다가 본국으로 돌아오던 한 선교사 부부에 관한 유명한 일화가 있다. 그들은 우연히 아프리카에서 사냥을 끝내고 뉴욕으로 돌아오던 루스벨트 대통령과 같은 배를 타게 되었다. 그들이 탄 배가 도착할 뉴욕 항에는 엄청난 인파와 기자들과 브라스밴드(금관악기들로 구성된 악단)가 그를 환영하기 위해 모여 있었다.

그리스도를 위해 봉사하면서 해외에서 보낸 오랜 세월로 건강이 쇠약해진 늙은 선교사 부부는 배에서 내려, 누구의 마중도 환영도 받지 못한 채 쓸쓸히 군중들을 헤치고 나아갔다. 그때 굵은 눈물 방울이 남편의 볼을 타고 흘렀다. 아내가 물었다.

"왜 그래요?"

"내 평생을 그리스도를 섬기는 데 바쳤어. 우리는 예수님을 위해 지치도록 일했어. 그런데 집으로 돌아오는 지금, 아무도 우리를 반겨주지 않잖아!"

그러자 아내가 잠시 생각하더니 부드럽게 말했다.

"왜냐하면 우리가 아직 집에 이르지 않았기 때문이에요."

그렇다. 나는 어떤 상이나 신문기사나 기립박수 대신에 '감사합니다'라는 말 한 마디에 담긴 격려를 귀하게 여기는, 놀랍도록 겸손하고 경건한 선교사들을 많이 만나봤다. 그러나 무엇보다 우리는 우리를 인정해주는 그 어떤 말 대신 "잘하였도다 착하고 충성된 종아"(마 25:21)라는 말을 듣기를 갈망하면서 기다린다.

잠시 있다가 사라질 땅의 위로와 인정을 금식하는 이들은 그 누구도 실망시키지 않을 하늘의 위로와 인정을 받게 될 것이다. 세상의 꿈을 충분히 이룰 수 있었던 선교사들도 많이 있다. 세상의 어떤 꿈보다 더 큰 만족을 주고 더 오래 지속되는 하늘의 꿈을 세상 모든 족속에게 선포하기 위해 아메리칸드림을 금식한 아시아계 미국인 선교사들도 많이 있다. 하늘에서 받을 그들의 상급은 분명 클 것이다.

가족을 금식하는 사람들

위로와 인정, 이것들은 전 세계의 숱한 선교사들이 그리스도의 이름을 높이기 위해 금식하고 있는 '현재의 것들'이다. 그러나 거의 대부분 선교사들의 마음을 가장 힘들게 하는 것은 가족들과 떨어져 지내는 생활이다.

나 역시 선교 사역을 시작하고 지금까지 양가 부모님과 친척들에 대해 생각하지 않고 그냥 지난 날이 아마 단 하루도 없었던 것 같다. 부모님은 나날이 노쇠해지고 계시며, 그 분들은 내게 자신들을 돕고 부양하게 할 자격을 갖고 있다. 내게는 두 분의 집 마당에 쌓인 눈을 치워드리고, 저녁을 대접하고, 생활비를 보태드려야 할 의무가 있다. 또한 두 분은 손주들을 품에 안는 기쁨을 누릴 자격과 그 아이들의 체온을 느낄 자격이 있으시다.

우리 아이들 역시도 할아버지와 할머니의 특별한 사랑과 온갖 응석과 어리광을 다 받아주는 무조건적인 사랑을 놓치고 있다. 아내와 나 역시도 부모님을 그리워하고 있다. 그러나 우리는 언젠가 이 모든 것들이 얼마나 가치 있는 일이었는지, 심지어 가족들을 금식하는 것이 얼마나 가치 있는 일이었는지에 대해 말하면서 영원히 함께 있게 될 것이다.

전시(戰時)에 우리의 마음을 가장 아프게 하는 것은 아내와 자녀들을 남겨놓고 전쟁터로 떠나는 아버지들의 모습, 아이들의 입맞춤, 작별의 눈물이다. 물론 요즈음에는 많은 선교사들이 가족들을 데리고 선교 현장에 와서 사역하는 축복을 누리고 있다. 하지만 우리가 직면

한 영적 전쟁의 실상을 볼 때면 '대체 어쩌자고 처자식을 원수의 영토에 데리고 온 것인가' 하고 자신에게 묻게 된다. 그리고 때로는 아내와 자녀들이 '선교'라는 영적 전투에서 부상을 입고도 아빠나 남편에게 방치되면서 믿을 수 없을 만큼 깊은 상처를 갖게 될 수가 있다.

하지만 현재의 것들을 금식하는 것이 선교 현장에 있다는 이유로 마땅히 가족들에게 주어야 할 사랑과 관심을 제대로 주지 못하는 것을 의미하지는 않는다. 더불어 우리 가족들이 영적 승리를 구하는 우리의 싸움에서 '부수적 피해'(군사적 행동으로 인한 민간인의 인적, 물적 피해)가 되어서는 안 된다는 것과 이 사실이 후방의 국내 전선에서 싸우는 일반 목회자들의 경우에 못지않게 전방의 외국 전선에서 싸우는 선교사들에게도 그대로 해당된다는 점을 스스로에게 상기시키는 게 매우 중요하다고 생각한다.

가족을 금식하는 것은 그들을 방치하는 게 아니다. 가족들을 본국에 두고 왔든 선교 현장에 데려왔든 그들을 방치해서는 안 된다. 그보다는 가족들과 함께 보내지 못한 시간들에 섭섭한 마음이 드는 것, 썰렁하게 지낸 몇 차례의 명절을 애석해하는 것, 금전적, 신체적 위로를 금식하는 것, 자녀들을 위한 교육 기회들을 금식하는 것, 원수의 영토에서 위험이 잠재되어 있는 두려운 환경에 가족을 노출시키는 것과 관련되어 있다.

일본에서 사역하는 선교사가 위험에 대해 말하는 게 우스꽝스럽게 들릴지 모르겠다. 물론 일본은 세계에서도 안전한 나라들 가운데 하나지만 그것은 '안전한'이라는 단어를 어떻게 정의하느냐에 따라 달라진다.

나는 일본이 전 세계 모든 나라들 중에 귀신들이 가장 밀집되어 있는 나라라고 생각한다. 일본은 무려 8백만 개의 우상들을 숭배한다. 일본 정부에 등록된 광신적 사이비 종교집단은 18만3천 개나 된다. 이 나라의 거의 모든 주택이나 아파트 안에서는 향이 타오르고 있고, 제사 음식이 올려져 있으며, 바울이 고린도전서 10장에서 말하는 우상들에게 바쳐진 기도들이 귀신들에게 바쳐지고 있다. 게다가 우리 아이들은 지금 어린이 성추행 비율이 세계에서 가장 높고 아동 포르노의 최대 공급책인 나라에 살고 있다.

이런 점에서 일본은 안전하지 못하다. 여기는 당신의 자녀들을 무심코 데려올 곳도 되지 못한다. 여기는 전쟁터다.

더, 더, 더 원합니다

이제 당신에게 묻겠다. 당신이 주님께 "제가 하나님을 이만큼 많이 원합니다!"라고 말할 때, '이만큼 많이'는 얼마만큼을 뜻하는가? 당신이 바라는 만큼보다 훨씬 더 적으리라는 것은 의심의 여지가 없을 것이다. 하나님께서 마땅히 받으셔야 할 만큼보다 훨씬 더 적으리라는 것도 의심의 여지가 없을 것이다. 그런 점에서 당신은 그리고 나 역시도 주님 앞에서 회개해야 마땅하다.

하지만 또한 하나님께서는 은혜롭게도, 하나님을 더 원하는 욕구를 우리에게 허락하신다. 사실 그런 욕구 자체가 하나님으로부터 오는 선물이다. 그리고 우리는 그런 욕구를 더 달라고 기도할 수 있다. 하나님을 더 원하는 욕구를 갖기 원할 수 있다. 당신에게 권면한다. 시간을 내어 지금 당장이라도 기도하라고 권한다.

"주여, 주님을 너무나 적게 원했으니 저를 용서해주소서!"

"주여, 주님을 더 많이 원할 수 있도록 허락하소서!"

"주여, 주님께서 주신 선물들을 다른 데 쓰지 않고 주님을 더욱 알아가는 데 쓰는 법을 가르쳐주소서!"

"주여, 금식하는 것을 가르쳐주소서! 돈과 음식을 금식하고, 사람들의 위로와 인정을 받는 것을 금식할 수 있도록 인도하소서. 저와 제 가족을 세계 선교로 부르실 경우에 심지어 제 가족에 대해서도 금식하는 것을 가르쳐주소서!"

"주여, 저를 인도하소서! 어떻게, 어디에서, 언제, 왜 주님을 섬길 수 있고 또 섬겨야 하는지 깨닫게 도우소서!

"주여, 주님의 영광을 위해 제 인생을 사용하여주소서!"

미소 지으시는 하나님

11

CHAPTER

한국어를 거의 못하는 통역관

과연 하나님은 웃으실까? 그 점에 대해 생각해본 적이 있는가? 분명히 성경은 악인을 비웃으시는 하나님에 대해 말한다(시 2:4, 37:13, 59:8 참조). 하지만 나는 하나님께서 또한 즐겁게 웃으신다는 것과 인간의 즐거운 웃음이 하나님의 형상대로 만들어졌을 것이라고 확신한다. 그리고 나는 내가 하나님을 즐겁게 웃게 만든 적이 있다고 확신한다.

언젠가 천국에 들어가면 당신은 내가 펜실베이니아대학 1학년 시절에 대학생선교회와 함께 한국과 필리핀으로 떠났던 내 인생 최초의 선교여행에 관한 비디오를 보게 될 것이다. 그러면 당신은 배꼽을 잡고 웃을 것이다. 그것은 한 편의 코미디라 할만도 하지만 하나님께서 우리같은 사람에게도 역사하신다는 사실을 상기시켜주기도 한다.

우선 당신은 내가 처음으로 청혼한 여자가 펄이 아니었다는 사실을

2부 나는 하나님이 쓰시는 가장 작은 자입니다 115

알고 나서 웃을 것이다. 당시 우리 베이스캠프에는 약혼식을 올린 지 얼마 되지 않은 한국대학생선교회의 자매 간사가 있었다. 그래서 그녀가 언제 결혼할지 궁금하여 서툰 한국말로 묻고 싶었다.

"언제 켜론(결혼)할 거예요?"

하지만 나는 그렇게 묻지 않았다. 대신 한국말로 "언제 켜론할까요?"라고 물었다. 그녀는 나를 향해 상냥하게 미소 짓더니 "오우, 땡큐!"라고 영어로 말했다.

또 다른 코미디 같은 상황은 필리핀에 갔을 때 벌어졌다. 마닐라 외곽지역에 복음을 전하기 위해 한국계 미국인 대학생들과 한국 대학생들이 서로 섞여 몇 개의 팀들이 구성되었다. 나는 한국의 한 대학생 팀에 배정되었다. 그런데 내가 영어와 한국어 통역관 임무를 맡고 그 팀에 배정되었다는 사실을 알고 충격에 휩싸였다.

"말도 안 돼! 나는 한국말을 거의 못해요!"

이의를 제기했지만 한국인인 우리 팀의 리더는 잘 할 수 있을 거라며 격려를 아끼지 않았다. 심지어 우리는 매일 저녁에 모여 기도회를 열기도 했다. 그건 좋았지만 우리 팀 리더가 내게는 한국어로 기도를 시키고 자기는 영어로 기도하려고 진땀을 빼곤 했다는 것은 그다지 좋지 않았다. 따라서 우리의 매일 저녁 기도회는 대단히 짧게 끝났다.

어느 날 우리를 초청한 현지 교회의 필리핀 목사님이 우리 모두를 예배당에 집합시켰다. 그런데 그 목사님이 내 이름을 불러 일으켜 세우더니 말했다.

"자네가 통역을 해주게."

그러고는 그 교회의 역사, 그때까지 그들이 복음을 전해준 사람들의 숫자, 세례를 베푼 사람들의 숫자 등에 대해 말하기 시작했다.

"자, 이제 통역해주게나."

마침내 목사님이 내게 말씀하셨다. 목사님이 거의 10분이 넘게 이런 저런 설명과 이야기들을 한 뒤였다. 그 많은 말들 중에 어느 하나라도 제대로 한국말로 옮길 수가 없어 앞이 캄캄했다. 나는 그 많은 영어 문장들을, 한국인 대학생들도 알아듣지 못할 말도 안 되는 한국어 문장으로 바꾸어 통역해주었다. 한국인 학생들이 나를 뚫어져라 바라보았다. 필리핀 목사님도 나를 뚫어지게 바라보았다. 그리고 하나님께서도 즐겁게 웃으셨다.

하지만 우리가 전도사역을 펼쳤던 그 기간은 매우 심각한 때였다. 어느 날 갑자기 도로가 흔들리면서 맹렬히 진동했고 7.8 강도의 지진이 그 지역을 강타하여 1,600명가량이 목숨을 잃었다. 필리핀의 많은 주민들이 고통을 당했다. 그러나 또한 그 비극으로 인해 많은 사람들이 복음에 마음을 열기도 했다.

일본으로 가라는 소명

일본에 대한 소명은 인도의 한 고아원과 더불어 시작되었다. 1993년, 아내와 나는 졸업할 즈음 선교여행을 떠나기로 결심했다. 우리는 펜실베이니아대학에 동급생으로 들어갔지만, 나는 고등학교에서 취득한 몇 과목의 학점을 인정받아 학부 과정을 3년에 끝마칠 수 있었고,

학부의 학기 중에 부전공으로 대학원 과정을 공부할 수 있는 과정에 합격하여 펜실베이니아대학원 2년 과정을 학부 3학년과 4학년 동안에 끝마칠 수 있었다.

선교여행은 장래에 내가 사역할 가능성이 있는 선교 현장과 관련하여 하나님의 뜻을 탐색하기 위한 최선의 방법으로 보였다. 당시 아내는 한 번도 선교여행을 다녀온 적이 없었다. 선교 경험이 전혀 없는 상태에서 나를 지원하는 임무에 기꺼이 마음을 열어준 그녀가 무척이나 고마웠다. 아내와 나는 우리가 소속된 교단인 미국장로교의 선교기관, 세계선교회의 도움을 받기로 결정했다.

우리는 전 세계 수많은 사역지들 가운데 '10/40창'(북위 10도에서 40도 사이 북아프리카, 중동, 인도, 동남아, 중국 등을 포괄하는 지역으로 그리스도인 인구와 자생력 있는 교회의 숫자가 가장 적은 지역) 어딘가로 가기를 원하고 있었다. 우리는 '미전도 종족', 즉 그리스도인 인구 비율이 2퍼센트 미만이며 기독교 지지자들이 5퍼센트 미만이면서 뚜렷한 인종과 언어를 가진 집단에 헌신의 초점을 맞추고 있었다.

내 눈과 가슴은 다양한 여름사역 프로그램들 중에서도 특히 인도의 고아원 사역에 끌렸다. 우리 둘 다 아이들을 좋아하기에 부모의 사랑을 받지 못하는 아이들에게 그리스도의 사랑을 전하는 것에 마음이 끌린 것은 당연했다. 마침내 우리는 인도의 고아원 사역에 동의하고 신청서를 작성했다.

하지만 나중에 그 프로그램이 취소되었다는 통지가 날아왔다. 하는 수 없이 처음부터 다시 시작해야 했다. 교단 선교부에서 발행한 선교안내책자를 유심히 살펴보던 우리는 10/40창 이내의 지역들에서 우리가 관심을 갖고 있던 고아원 사역을 할 수 있는 유일한 나라가 일본이라는 것을 알았다. 우리는 일본에 가본 적이 없었다. 그래서 바로 신청서를 작성했다.

원래는 내 고향 교회에서 그 선교여행에 소요되는 경비의 절반을 지원해주겠다고 했었다. 그 약속만 제대로 지켜졌다면 우리가 경비 전액을 모금하는 데 충분했을 테지만, 어느 날 집사님 한 분이 교회의 친교실로 나를 조용히 부르더니 재정압박으로 인해 절반밖에 지원해주지 못할 것 같다고 했다.

혼자 떠난 선교여행

결국 슬프게도 나 혼자 일본에 가는 쪽으로 결정하고는 오히려 잘된 일이라고 결론을 지었다. 아내는 그 다음해 여름으로 예정된 우리의 결혼식도 준비해야 했으니 말이다. 하지만 곧 혼자 일본에 가는 것도 위태롭게 되고 말았다. 내가 일본 선교여행에 소요되는 경비 전액을 모금하지 못했기 때문이다. 나 또한 그해 여름에 집에 머물러 있어야 할 형편이었다.

그런데 내가 처한 어려운 상황과 나를 위해 전부터 계속 기도해오고 있던 친구가 다른 친구에게서 '스크럼 덴도'(Scrum Dendo)라고 불리는 선교프로그램을 운영하고 있는 '생명사역회'라는 선교단체에 대해 듣고는 나에 대해 그 친구에게 이야기하게 되었다. '스크럼'은 럭비에서 같은 편 선수들이 등을 구부리고 서로 어깨를 밀착시켜 대열을 짜는 것에서 따온 말이고, '덴도'는 전도를 뜻하는 일본어에서 따온 말이다.

생명사역회에서는 매년 여름 100명이 넘는 선교사들을 일본 전역의 교회들에 보냈는데 그해에는 선교사들을 요청하는 일본 현지 교회들의 숫자가 선교 사역 지원자들의 숫자보다 더 많았다. 그래서 나에 대해 들은 그들은 경비 전액을 준비하지도 못한 나를 일본에 데려가기로 합의했다. 그렇게 나는 선교여행을 시작할 수 있었다.

우리가 일본 현지의 여러 교회들에 무작위로 배정될 거라는 말을 다른 지원자들과 함께 일본으로 가는 비행기 안에서 들었다. 나는 남쪽의 작은 섬들 같은 시골지역에 배정되었으면 좋겠다고 생각했으나 도쿄의 세타가야 나카하라교회에 배정되었다. 그 교회의 성도들은 믿을 수 없을 만큼 따뜻하게 나를 환영해주었다.

그렇게 도쿄에서 사역을 시작한 어느 주일, 예배를 드리기 위해 예배실로 들어가고 있는데 어떤 부인이 다른 부인에게 나에 관해 질문하는 것이 들렸다. 그 부인들이 무슨 말을 하고 있는 것이냐고 간사에게 묻자 대답했다.

"저 부인이 자기 친구에게 '저 중학생은 누구죠?'라고 묻고 있었어요."

미국에서 사람들이 나를 실제 나이보다 더 어리게 본다는 것을 잘 알고 있었지만 그것은 내가 아시아인이기 때문이라고 이해하고 있었다. 그런데 아시아 사람들도 나를 어리게 본다는 것을 알고 정말 놀랐다. 얼마 전에 대학원을 졸업한 나는 좀 실망스러웠다.

사실 그때나 지금이나 별로 변한 게 없다. 사람들이 지금도 여전히 나를 나이보다 어리게 본다. 마흔 중반을 향해 가고 있는 지금도 중학생까지는 아니더라도 대학생 정도로 보는 것 같다. 방문객이나 진학을 희망하는 학생이 내가 일본에 설립한 '그리스도성경신학교'를 찾아와 내게 학생이냐고 묻곤 한다. 그리고 학생이 아니라 학장이라고 말하면 상체를 숙여 절하면서 과하게 사과한다.

그해 여름, 일본에서 사역하면서 많은 친구들을 사귀었다. 그들이 나를 누군가에게 소개할 때마다 항상 언급한 세 가지가 있었다. 첫째는 내가 미국에 펄이라는 이름의 귀여운 여자친구를 갖고 있다는 것, 둘째는 내가 토마토를 싫어한다는 것, 셋째는 내가 앞으로 중국 선교사가 될 계획을 갖고 있다는 것이었다.

네 원수를 사랑하라

내 원수가 누구지?

1995년, '네 원수를 사랑하라!'는 말씀을 성경에서 읽었다. 주님께서 '마이클, 너는 이 명령에 어떻게 순종할거니?'라고 물으시며 내 마음에 말씀하시는 것이 느껴졌다. 나는 다른 어떤 방식으로 반응하기에 앞서 지적으로 반응했다.

'음… 내 원수가 누구지? 아마 일본인들일 거야!'

우리 세대의 한국계 미국인 아이들은 부모님이 일제 자동차나 TV를 절대 사지 않는 것을 보면서 성장했다. 우리는 그 이유를 이해할 만큼 역사에 대해 충분히 알고 있지는 못했지만 많은 한국인들이 일본을 원수로 여기고 있다는 것만큼은 잘 알고 있었다. 그래서 주님께서 일본인들을 사랑하라는 깨달음을 내 마음에 주신 것이었다.

내가 한국과 일본 사이의 얽힌 역사에 대해 더 상세히 조사한 것은 나중에 하버드에서 대학원 공부를 하는 동안이었다. 그리고 그때 한국과 일본의 역사는 내게 엄청난 갈등인 동시에 축복이기도 한, 매우 개인적인 문제가 되었다. 일본인들을 증오하고 싶은 유혹이 들었던 때가 있었음을 솔직히 고백한다.

제2차 세계대전 당시 유대인 학살에서 살아남은 엘리 위젤(Elie Wiesel, 1986년 노벨 평화상을 수상한 루마니아 태생의 유태계 미국인 작가, 교수)은 다음과 같이 말했다.

"증언하기로 결심하는 생존자에게 명백한 것이 있으니, 죽은 자들과 살아 있는 자들을 위해 증언하는 게 그들의 임무라는 것이다. 그들은 미래 세대들에게서 우리의 집단적인 기억에 있는 과거를 앗아갈 권한이 없다. 과거를 망각하는 것은 위험한 일일 뿐만 아니라 모욕적인 일이 될 것이다. 죽은 자들을 망각하는 것은 그들을 두 번 죽이는 것이다."

이는 분명 나치가 자행한 대학살의 6백만 유대인 희생자들에게 해당되는 말이다. 아시아에서도 대학살이 있었다. 하지만 그 사실을 기억하는 것은 고사하고 알아차리고 있는 이들도 거의 없는 것 같다.

역사학자 찰머스 존슨(Chalmers Johnson, 미국의 역사학자, 교수, 한국전쟁에 참전하기도 했음)에 따르면 제2차 세계대전으로 이어진 동시에 그 기간을 포함하는 일제침략기 동안에 아시아에서 무려 3천만 명의 필리핀인, 베트남인, 캄보디아인, 인도네시아인, 한국인, 중국인들이 학살을 당했다고 한다. 인류 역사상 가장 대대적으로 자행된 인명 살상이 아니었나 생각된다.

일본 과학자들은 림프절 페스트와 탄저병 같은 다양한 생화학적 무기들을 인간 희생자들을 대상으로 실험했다. 일본 군인들과 의사들은 여성들에게 강제로 임신시킨 후 배를 갈라 자궁을 열고 태아를 꺼내 실험하기도 했다. 살아 있는 인간을 대상으로 자행한 일본의 생체실험의 잔혹함은 그 시설들을 방문한 나치의 과학자들이 구토를 할 지경이었다. 20만 명 이상의 젊은 한국인 여성들과 12세밖에 되지 않은 어린 소녀들이 일본제국주의 군대의 성(性)노예가 되어 하루에 수없이 강간을 당해야 했다.

지금 나는 일본 나고야 시에 살고 있다. 나는 일본말을 한다. 아버지는 일제점령기에 태어난 터라 '마츠야마 히데오'라는 일본 이름을 갖고 있지만, 내 이름은 '마이클 마츠야마'가 아니며, 나는 일본 사람도 아니다. 일제점령기에 어린 시절을 보낸 아버지는 '오성규'라는 자신의 한국 이름을 쓰는 것을 금지당했고, 한국 이름을 쓰거나 한국말을 하면 호된 매질을 당했다고 한다. 할아버지의 여동생은 일본 군대의 성노예로 붙잡혀가지 않기 위해 십대의 이른 나이에 시집보내졌다.

너도 내 원수였잖아

내가 한국의 아픈 역사에 눈을 뜬 그 시기는 매우 위험한 시기였다. 일본의 만행에 대해 치밀어 오르는 분노가 주님께서 나를 불러 '일본에서 행하라' 명하신 복음 사역을 위협했기 때문이다. 더군다나 그 시기는 훨씬 더 위험했다.

왜냐하면 아메리칸드림과 내 인생에 대한 부모님의 꿈을 포기하는 것, 그 꿈을 위해 모든 것들을 버린 그 분들의 고귀한 희생을 저버리는 것, 내 아이비리그 학위를 투자하여 안락하고 부유하고 성공적인 삶을 영위하고자 하는 나 자신의 꿈을 포기하는 것, 어떤 한 나라를 위해서 이 모든 것들을 포기하는 것, 한국의 동포들과 심지어 내 가족에게 말할 수 없을 정도로 극악한 잔혹행위를 자행했던 한 나라를 위해 이 모든 것들을 포기하는 것의 타당성을 나 자신에게 납득시키기 위해 몸부림을 쳐야 했기 때문이다.

나는 내 마음에서 한 사람의 죄인이기보다 한 사람의 성자(聖者)가 되어 있었고, 그리스도의 십자가 공로로 의로워진 사람이기보다 내 자아의 공로로 의로워진 사람이 되어 있었으며, 내 죄로 인해 상한 마음을 갖기보다는 다른 사람들의 죄를 맹렬히 규탄하고 있었다.

그러던 어느 날, 일본제국주의의 만행에 대한 기사를 읽으면서 갈등하고 있을 때 주님께서 내 마음에 말씀하셨다.

'너 또한 내 원수가 아니었느냐?'

'너 또한 내 아들을 십자가에 못 박지 않았느냐?'

'너는 내 은혜를 받기에 합당한 선한 일을 하였느냐?'

멍한 표정으로 책상에 앉아 추악하고 흉물스러운 내 죄를 조용히 생각해보았다. 그리고 하나님의 복음을 조용히 생각해보았다. 하나님께서는 십자가에서 뿌려진 예수 그리스도의 보혈을 통해 인간들과 화해하심으로써 인간이 저지른 모든 일들을 받아들이기로 하셨다.

그래서 하나님으로부터 소외되어 있던 우리들, 하나님의 원수였던 우리가 그리스도의 몸에 의해 하나님과 화목하게 되었고 '거룩하고 흠

없고 책망할 것이 없는 자로' 하나님 앞에 나아가게 되었다(골 1:22). 이런 진리를 떠올리자 하나님의 복음에 크게 놀라 감격하지 않을 수 없었고, 동시에 말할 수 없는 기쁨과 활기가 마치 빛의 홍수 모양으로 내 어두운 영혼 안으로 쏟아져 들어왔다.

화해의 메시지

그때 나는 알았다. 아버지 하나님께서 그 아들의 순결한 피를 희생하여 내 죄에 대해 나를 정당하게 고발하고 징벌하실 수 있는 절대적이고 신령한 권리를 영원히 한쪽으로 치워놓으셨는데, 내가 다른 누군가를 미워하거나 고발할 어떤 인간적 권리도 하나님께 주장할 수 없다는 것을, 또한 내가 하나님 앞에 서기 위해 발판으로 삼을 만한 나 자신의 '의'를 전혀 갖고 있지 않으며 한국인이거나 압제자나 희생자, 그 어떤 사람도 마찬가지라는 것을 말이다. 우리는 그저 하나님의 은혜로 말미암아 그리스도 위에만 설 수 있다.

의로운 인간은 하나도 없다. 하나님의 은총을 얻어낼 수 있는 인간의 선함도 없으며 하나님의 은혜가 능가할 수 없는 인간의 악함도 없다. 이 세상에는 가난한 사람들 중에나 압제받는 사람들 중에나 젊은 이들 중에나 노인들 중에나 하나님의 은총을 요구할 만한 순전함도, 순결함도 전혀 없다. 세상의 압제자들과 노예를 삼는 자들과 십자가에 못 박는 자들에게 쏟아지는 모든 비난들 가운데 우리 주님께서 십자가에서 흘리신 피가 덮지 못할 것은 없다.

그렇게 하나님께 꾸중을 듣고 정신을 차린 나는 그리스도의 십자가를 새로운 눈으로 바라볼 수 있었고, 분에 넘치는 사랑을 받을 수 있었다. 심지어 내 원수라 칭했던 이들마저도 아무 조건 없이 사랑할 수 있게 되었으며, 그들을 원수라 부르는 대신 형제요 자매요 친구라 부를 수 있었다.

그것은 내가 꼭 배워야 할 교훈이었다. 그런 화해는 다른 사람들의 죄를 하나님께 고자질하는 게 아니라 하나님 앞에서 내 죄를 인정하는 것에서 시작된다. 그런 화해의 출발점은 예수 그리스도께서 죄인들을 구원하기 위해 이 세상에 오셨고 '내가 죄인들 중에 괴수'라는 것을 개인적으로 자각하는 것이다(딤전 1:15 참조). 하나님께서 지금 죄인들을 받아주고 계신 것은 화해의 마음을 갖고 계시기 때문이다. 그리고 세상에 널리 전하라고 주님께서 우리에게 주신 화해의 메시지는 바로 '네 원수를 사랑하라'는 것이다.

완벽한 타이밍

하버드대 불합격이 감사한 이유

'주님, 10년 전 고등학교 졸업반이었을 적에 하버드로부터 거절을 당하게 해주셨던 것에 감사드립니다. 그날 이후로 제게 가르쳐주신 모든 것들에 감사드립니다. 성공과 명성과 인기의 우상에 대해 죽게끔 도와주신 것에 감사드립니다. 제 마음의 공허함을 교육적인 성공이 아니라 주님의 사랑으로 가득 채워주신 것에 감사드립니다. 이제는 저를 위해서가 아니라 주님의 영광을 위해 공부할 수 있게 해주신 것에 감사드립니다!'

오래전 어느 날 우편함 옆에 무릎을 꿇고 편지 한 장을 손에 쥔 채 드렸던 기도이다. 그때는 1998년 4월부터 1999년 8월까지 아내와 내가 일본 나고야에서 16개월의 단기선교 사역을 하던 중이었다. 그 편지는 하버드대학의 예술과학대학원에서 날아온 합격 통지서였다. 내 인생이 그 십 년 동안에 얼마나 많이 바뀌었는지 생각하면서 고개를 절레절레 저었다. 고등학교 시절 나는 정말 두려움으로 똘똘 뭉쳐 있었고, 희망은 없었으며, 교만하고, 이도저도 아닌 아이였다.

일본에서 단기사역을 하던 그때, 거울을 보면 어린 시절의 얼굴이 여전히 남아 있었지만 하나님께서 나를 정말로 많이 변화시켜주셨다는 것을 알 수 있었다. 얼굴은 여전히 앳되어 보였지만 내면은 희망과 인생의 목적으로 가득했다. 만일 내가 고등학교를 졸업하자마자 하버드에 들어갔다면 그것은 내 인생이 하나님 없이도 멋지게 잘 돌아가고 있다는 거짓말을 낳는 원흉이 되었을 것이고, 와르르 허물어져 내리고 있던 내 마음의 벽을 지탱해주는 미덥지 못한 접착제가 되었을 것이다. 그리고 나는 다른 사람들이 나를 부러워하고 있다는 것과 내가 모든 것을 다 가지고 있다는 만족감을 내 인생의 유일한 위안으로 삼았을 것이다.

'주님, 저를 겸손하게 만드시어 그런 무의미한 삶에서 구해주신 것에 감사드립니다.'

나는 믿는 사람들이 하나님의 영광을 위해 세상 사람들보다 잘 배우고, 그리스도를 모르는 사람들 사이에서 살면서 하나님의 영광을 위해 뛰어난 역량을 갖게 되는 것을 하나님께서 중요하게 여기신다면, 우수한 교육을 받아 잘 가르치는 것 또한 중요하게 여기실 거라고 생각했다. 그래서 세계에서 가장 좋은 대학은 아닐지 몰라도 좋은 대학들 가운데 하나인 하버드에서 공부할 수 있는 기회를 주신 하나님께 진정으로 감사드렸다.

고등학교를 졸업했던 때와는 달리 그때 하버드에서의 공부는 내 영광을 위한 것이거나 내 목표를 위한 것이 아니었다. 하나님의 영광과 하나님의 목적, 오직 그것만을 위한 것이었다. 내가 일본의 역사와 일본의 문화인류학과 일본의 젊은이들에 대해 배울 것들이 많다는 것을 잘 알고 있었다. 그리고 하버드의 '동아시아 지역 연구'는 내가 일본 선교사가 되기 위해 꼭 알아야 할 것들을 배울 수 있는 완벽한 프로그램이었다. 나는 실패에 대한 두려움에 대해 오래전에 죽었기에 그리고 기쁨과 용기로 공부를 해나갈 수 있는 자유로운 가슴과 정신을 지니고 있었기에 이미 준비가 되었음을 느꼈다.

펜실베이니아대학과 대학원을 졸업하고 트리니티신학교에서 공부하는 동안 하나님을 위해, 하나님에 의해 자유로워진 내 가슴을 발견했다. 그리고 트리니티신학교를 졸업하고 하버드대학원에서 공부하는 동안 하나님을 위해, 하나님에 의해 자유로워진 머리를 발견했다.

첫 학기에 낙제하게 생겼네

그러나 하버드에서의 처음 며칠은 믿을 수 없을 만큼 여전히 겁이 났다. 강의가 본격적으로 시작되기 한 주 전에 일본어 배치고사가 시행되었다. 일본어 능력별로 학생들을 나눠 학급을 편성하기 위한 시험이었다. 나는 16개월의 단기선교를 위해 일본으로 가기 전에 트리니티신학교에서 공부하는 동안 지역 전문대(실용적 기술 위주의 교육을 하는 2년제 대학)에서 일본어를 한 학기 수강한 적이 있었고, 그런 후에는 아내와 일본 사역을 하는 동안 독학으로 일본어를 공부했었다.

그 16개월 동안 일본어로 열두 차례 설교를 했는데 그때 내가 정확히 무슨 내용의 설교를 했는지 솔직히 아직도 잘 모르겠다. 그때 내 설교를 들었던 사람들이 무엇 하나라도 깨달았을까? 모르겠다. 그러나 하나님께서는 그런 나인데도 불구하고 역사하셨고, 그곳에 교회가 세워졌다.

나는 배치고사를 치르러 가면서 일본어 2년차 학급에 편성되기를 소망했다. 1년차 학급에서는 300개의 한자를 익혀야 했고, 2년차 학급에서는 1,000개를 익혀야 했다. 당시 내가 아는 한자를 다 합쳐야 고작 50개 정도밖에 되지 않았지만, 어쨌거나 죽어라 공부하면 2년차 과정은 그럭저럭 소화해낼 수 있을 거라고 생각했다. 그러나 일본인 교수들의 생각은 달랐다. 첫 면담에서 그들이 말했다.

"우리는 당신이 일본어 3년차 학급에 들어갔으면 해요."

나는 이의를 제기했다.

"안 돼요, 교수님! 제발 그러지 마세요. 저는 한자를 50개밖에 몰라요. 저는 일본어를 혼자 공부해서 제대로 아는 게 없습니다."

한 교수가 말했다.

"당신은 총명한 학생이니 잘 해낼 겁니다."

나는 생각했다.

'기가 막히네. 기껏 하버드에 들어와서 첫 학기에 보기좋게 낙제하게 생겼어!'

나는 3년차 학급 동료들보다 뒤처져 있었기에 1,250개의 한자를 공부해야 했고, 더욱이 3년차 학기 동안에 1,000개의 한자를 더 익혀야 했다.

일본어 강의 첫날에는 원서 강독을 했다. 교재의 한자를 절반도 모르는 내가 천하의 바보가 된 것 같았다. 교수님이 내게 물었다.

"반을 제대로 찾아온 것 맞나요?"

그해에 정말 열심히, 진짜로 열심히 공부했다. 모든 독본과 과제물에 나오는 거의 모든 한자를 하나하나 찾아보아야 했다. 일본어 한자를 읽는데 엄청나게 유익한 디지털 기기들과 인터넷 자료들이 나오기 전이라 한자 하나하나를 다 사전에서 찾아야 했고, 한 시간짜리 과제를 끝내는 데 세 시간이나 걸렸다. 그러나 그런 나인데도 불구하고 하나님께서 역사하셨다. 그리고 나는 열심히 공부했다. 그래서 마침내 하나님의 은혜로, 하버드에서 내가 수강한 모든 일본어 강좌에서 A학점을 받을 수 있었다.

하지만 지금도 나는 일본어를 익히기 위해 여전히 노력하는 중이다.

일본에 대해 공부하다

하버드에 입학한 처음 며칠, 캠퍼스에 발을 들여놓을 때마다 생각하곤 했다.

'와우, 내가 정말 하버드에 있어!'

솔직히 말하면 그런 신기함이 잦아드는 데는 몇 주, 아니 몇 개월이 걸렸다. 공부가 즐거웠다. 내가 수강하는 모든 강의들이 좋았다. 배울 것들이 정말 많았다. 그리고 나는 더, 더 많이 배우기를 원했다.

사람들은 내게 말한다.

"당신은 공부하는 것을 좋아하시는군요."

나는 언제나 대답한다.

"아뇨, 저는 공부하는 것은 싫어합니다. 하지만 배우는 것은 좋아합니다."

그리고 나는 엄청난 의욕으로 충만한 학생이었다. 나는 일본의 역사, 사회, 문화인류학, 종교를 막론하고 일본에 관해 배울 수 있는 모든 것을 배우고 싶었다. 그렇게 배운 것들을 가지고 일본 선교에 대해, 그리스도의 복음을 일본에 어떻게 접목시킬지에 대해, 일본이라는 나라에 수십 년 혹은 수세기 동안 영향을 끼칠 수 있는 신학교를 세우기 위한 최선의 방도가 무엇일지에 대해 곰곰이 생각했다.

통찰력이 넘치는 하버드의 강의를 들을 때마다 '일본의 모든 선교사들이 이런 배움의 기회를 가질 수 있다면 얼마나 좋을까' 하고 생각한 적이 한두 번이 아니었다.

나는 스쿠터를 타고 캠퍼스를 가로지르며 강의를 들으러 다니곤 했다. 멋지게 보이기 위해서가 아니라 학업의 능률성을 기하고 시간을 절약하기 위해서였다. 그러던 어느 날, 일본인 동료가 내게 말했다.

"일본에서 신학교 학장이 되면 절대 스쿠터 타고 다니지 마!"

"왜? 일본에는 그러면 안 된다는 규칙이 있어?"

"그게 아니라, 일본에서는 학장이 애들처럼 스쿠터를 타고 다니지는 않거든."

우리가 하버드대학이 위치한 케임브리지 시에 도착한 직후, 아내가 첫 아기를 가졌다는 것을 알았다. 그 시기는 흥미진진하기도 했지만 아내의 입덧으로 고생스럽기도 했다. 케임브리지 시의 도로는 정비가 잘 되어 있지 않아 울퉁불퉁하기로 악명이 높았다. 나는 아내가 메스꺼움을 느끼지 않도록 울퉁불퉁한 부분을 피하고 접촉사고를 피해야 하는 임무를 모두 달성하기 위해 극도의 주의를 기울이며 운전했다.

그 시절의 달콤한 추억들 가운데 하나는 하버드 졸업식이 열리던 날 학위를 받기 위해 첫딸 한나를 안고 있던 때였다. 심지어 그들은 따로 제작한 작은 학위 증서를 그 아이에게 수여하기도 했다.

무조건 예스

하버드에서 보낸 그 기간 동안 하나님께 약속을 했다. 아내와 큰딸 한나에게 "아니!"라는 말을 절대 하지 않겠다고. 가령 "우리 같이 슈퍼마켓에 갈까?"라고 물으면 나는 언제나 "응!"이라고 대답했고, 쇼핑을 하거나 영화를 보러 갈 시간이 있냐고 물으면 지루하고 괴롭더라도 "응!"이라고 대답했다. 나는 하버드 졸업식을 하고 나서야 비로소 그런 사실을 아내에게 말했고, 내가 주님께 한 약속을 잘 지켰다는 것을 알았다.

요즈음은 아버지와 남편들이 아내나 자녀에게 "안 돼!"라는 말을 너무 많이 하는 것 같다.

"안 돼! 일해야 돼. 안 돼! 친구들 만나야 돼."

지금까지도 아내와 아이들에게 언제나 "응!"이라고 말할 수 있는 것은 아니지만 아내와 아이들을 사랑하고 우선순위에 놓기 위해 여전히 노력한다.

하버드에서 공부했던 그 기간 동안, 주일을 지키는 것과 가족들을 사랑하는 것이 내 학업을 방해하지 않았다. 그리스도인들은 하나님을 높이는 것과 가족들에게 충실한 것과 자기 분야에서 출중해지는 것, 셋 다를 충분히 해낼 수 있다.

교수님이 뇌졸중 발작을 일으킨 탓에 강의를 계속 들을 수 없었던 한 강좌만 빼고 하버드에서 전 과목 A를 받을 수 있었다. 그때까지 내가 어떤 학교에서 얻은 학점보다 더 높은 평균학점이었다. 하나님의 은혜였다. 나 같은 자에게 하나님은 역사해주셨다. 내가 원래 희망했던 것보다는 십년 더 늦은 때였지만 하나님의 타이밍은 완벽했다.

CBI 스토리

위대한 승부

아내와 함께 일본에서 사역하는 동안, 내 마음을 떠나지 않은 질문이 있었다.

'선교가 거의 불가능해 보이는 이런 곳에서 무엇을 할 수 있을까?'

그래서 나는 선교사들과 목회자들과 일본의 그리스도인들에게 동일한 질문을 했다.

"일본을 위해 무엇을 할 수 있을까요? 우리가 일본 선교를 위해 행할 수 있는 가장 중요한 것이 무엇일까요?"

모든 사람들이 거의 똑같이 대답했다.

"젊은 지도자 세대를 양육할 필요가 있어요!"

마침내 나는 결심했다.

'만일 그것이 우리가 일본 선교에 기여할 수 있는 최선의 방법이라면

그렇게 하겠어!'

그때부터 아내와 나는 일본을 위한 새로운 신학교 설립을 추진하기로 결심했다. 하지만 그것은 불가사의하거나 신비한 소명이 아니었다. 강렬한 소명도 아니었다. 사실 나는 신학교육에 큰 관심이 없었다. 만일 신학교 학장이 될 가능성이 가장 적은 사람을 뽑는 투표가 있다면 다른 모든 후보들을 가뿐히 제치고 당당히 당선될 수 있는 사람이 바로 나였다.

나는 대학원을 졸업한 뒤에 어떤 신학교에 가야 할 지를 고심하며 이런 의문을 가졌다.

'내가 신학교에 가는 게 필요하기나 한 것일까? 신학교가 왜 중요하지? 독학으로 신학을 배우면 안 되나?'

그래서 당시 내가 소속되어 있던 미국장로교 교단에서 신학교 졸업장 없이도 안수를 받을 수 있는지 알아보기 위해 우리 교회 목사님에게 자문을 구하기도 했었다. 물론 대단히 이례적인 일이 되긴 했겠지만 불가능한 일은 아니었다.

지금처럼 중학교 교사로 계속 지내면서 독학으로 신학을 공부할 수 있는 길을 여러 가지로 알아보았다. 그러나 결국 신학교에서 온전히 공부에 전념하는 게 내가 가야 할 길임을 깨달았다.

그렇다면 이제 어느 신학교로 가야 할지 고심해야 했다. 당시 아내와 나는 웨스트민스터신학교에서 불과 5분 거리에 있는 곳에 살고 있었다. 더 생각할 필요가 없었다. 내가 알고 있는 모든 목사님들이 그곳 출신이었고, 가족들 근처에 머물면서 공부할 수 있었고, 번거롭게 이사할 필요도 없었다. 그러나 나는 영화 〈위대한 승부〉 체험을 한 이후, 트리니티신학교에 대한 생각을 갑작스레 갖게 되었다(5장 참조).

선교의 꿈이 죽는 곳

나는 한껏 들뜬 상태로 트리니티신학교에 입학했다. 그러나 막상 캠퍼스 생활을 시작해보니 현실을 깨달을 수 있었다. 신학교이지만 선교에 대한 관심과 선교 활동은 너무 미약했고 선교동아리의 규모도 볼품없이 작았다.

내가 엉뚱한 학교를 찾아간 게 아닌가 하는 생각이 들었다. 아내와 내가 트리니티신학교를 처음 방문했을 때 아내의 오빠도 우리와 동행했었다. 당시 그는 모로코에서 2년을 작정하고 선교사로 사역하던 중이었는데 그 기간이 끝나가면서 신학교 진학을 준비하고 있었다.

그러던 어느 날, 모로코에 있는 그와 통화를 하다가 어느 신학교에 들어갈 계획인지 물었다. 그는 이미 웨스트민스터에 원서를 내서 합격 통지를 받았고 등록금 일부도 납부했다고 대답했다. 내가 잠시 말을 멈췄다가 말했다.

"나랑 같이 트리니티에 다니는 건 어때요?"

이번에는 그가 잠시 침묵하더니 말했다.

"그러면 입학원서를 이쪽으로 보내달라고 그들에게 요청해 봐!"

그리고 그로부터 몇 개월 뒤, 그는 우리와 함께 일리노이 주 디어필드(트리니티신학교의 소재지)로 이사하기 위한 장거리 여행길에 올랐다.

웨스트민스터신학교 측에 크게 사과할 일이다. 나만 거기에 들어가지 않는 것도 모자라 다른 사람까지 들어가지 못하게 했으니 말이다. 웨스트민스터는 분명 우수한 신학교이다. 그러나 선교의 꿈이 죽는 곳이라는 느낌이 때때로 든다.

그로부터 몇 해 후에 커버넌트대학의 선교대회에 연설을 하러 갔다. 그곳의 학생주임은 필라델피아에서부터 알고 지내던 친구였다. 그가 내게 말했다.

"자네를 위해 웃긴 이야기 하나 해줄게. 몇 주 전에 웨스트민스터신학교의 신입생 모집 팀이 우리 학교를 방문했는데 선교주간 포스터에 실린 자네 사진을 보고 '오, 마이클 오!'라고 하더니 '선교대회의 강사로는 탁월한 선택이지요. 그런데 그가 웨스트민스터 졸업생이라는 것을 아시나요?라고 하는 게 아니겠어? 그래서 내가 '에이, 그럴 리가요!'라고 대답해줬지."

다시 그로부터 몇 해 후, 선교학 교수 자리를 맡을 의향이 있는지 웨스트민스터신학교 쪽에서 내게 의사를 타진해왔다. 하지만 나는 "감사하지만 사양하겠습니다!"라고 대답했다.

세 가지 이유

그러면 이제 질문해보자. 그랬던 내가 왜 일본을 위해 다음 세대의 지도자들을 양성해야 한다는 가장 중요한 필요성에 반응하여 일본 나고야에서 신학교를 시작하게 된 것일까?

일본의 나고야에 신학교를 세우는 건 내 아이디어가 아니었다. 나는 나고야 시가 속한 아이치 현의 목회자들이 내가 아홉 살이던 1980년부터 신학교 설립을 위해 기도하기 시작했다는 말을 들었다. 그래서 나는 그리스도성경신학교가 그들의 기도에 대한 응답이라고 믿는다. 더불어 나고야에 새로운 신학교를 설립하는 데는 세 가지 이유가 작용했다.

1. 신학적인 이유

첫 번째 이유는 신학적인 것이었다. 현재 일본에는 대략 40개 이상의 신학교들이 있다. 그중 대부분은 재학생이 한 명이거나 두 명 혹은 전혀 없는 매우 작은 규모이다. 또한 많은 신학교들이 신학적인 면에서 매우 자유주의적이다. 하나님 말씀(성경)의 권위도 거부하고 오직 예수 그리스도 안에만 있는 구원도 거부하면서 노골적으로 자유주의를 표방하거나 아니면 자유주의 쪽으로 치우쳐 있다.

이유가 무엇일까? 나는 미국에서 박사학위 논문을 준비하던 동안 그에 대한 설명을 들었다. 애디슨 솔타우(Addison Soltau)는 내가 존경하는 선교사이다. 그는 한국에서 선교사의 아들로 성장한 이후 1952년부터 일본에서 선교사로 사역했다. 사실 그는 지금으로부터 거의 90년 전에 서울의 세브란스 병원에서 태어났다. 우리 아버지와 어머니가 미국으로 이민을 오기 전에 근무했던 바로 그 병원이다.

그는 오랜 세월 일본 선교사로 사역했고, 또 사역 초기에는 과거에 '도쿄그리스도교신학교'라고 알려졌던 신학교를 설립하는 데 많은 도움을 주었다. 하지만 그도 한국에서 성장하는 동안 일본인들이 매우 모질고 냉혹한 사람들이라는 시각을 갖고 있었다. 그의 부모는 1914년 제1차 세계대전이 발발했을 때 미국에서 한국으로 건너왔다. 당시 그들은 신혼이라서 아이가 없었다. 그들은 미국북장로회의 선교사로 한국을 향해 떠났는데, 배를 타고 태평양을 건너 부산에 당도하기까지 한 달이 걸렸다.

● 자유주의적인 성향의 일본

그는 박사학위 논문을 준비하기 위해 자료들을 연구하고 있던 내게 다음과 같이 말했다.

"내가 일본인들에 대해 갖고 있던 안 좋은 기억은 일제점령기 후기, 즉 한국 교회에 대한 일본의 탄압이 있던 때와 관계가 있어요. 그들은 일본에 대한 모든 저항이 교회에서 나온다는 것을 감지했어요. 아마 정확하고 틀림없는 판단이었을 겁니다. 사실이 그랬으니까요. 당시의 한국 선교나 한국 교회는 일본 선교나 일본 교회와는 대조적으로 매우 정통적이고 복음적이었어요.

누군가에게 들은 말인데, 당시 미국선교위원회에서 선교사를 파송할 때 선교사의 신학적 경향이 자유주의적이면 일본으로 보내고, 보수적이면서 복음적이면 한국으로 보내곤 했다고 하더군요. 그 결과로 한국선교는 선교사들 자신의 복음적인 신학적 입장과 밀접하게 결합되었고, 한국에서 사역하는 선교사들은 대단히 복음적인 그리스도인들을 키워냈습니다.

일본인들이 '아마테라스 오미카미'(천조대신, 일본 고유 종교의 최고신인 태양신)에게 참배할 것을 한국인들에게 강요했을 때, 한국의 선교사들은 한국 학생들의 신사참배를 허용하는 것보다 임시로 휴교하는 것을 택했습니다.

선교사들은 한국 학생들이 천조대신에게 참배하는 것을 결코 허용하려 하지 않았습니다. 물론 일본인들은 그 사실에 격노했고요. 그 결과로 많은 목회자들이 투옥되었고 그들 가운데 몇 사람은 목숨을 잃었지만 선교사들은 한국 학생들이 일본 우상에게 참배하는 것을 절대 허락하지 않았습니다. 그리고 일본은 그런 학교들을 간단하게 폐교시켜버렸죠.

우리는 그런 일본인들의 처사를 보면서 정말 악독하다고 다시 한 번 생각했습니다. 또한 일본인들은 불쑥불쑥 교회에 난입하곤 했고, 이런 사람들을 뭐라고 부르는지는 잘 모르겠지만 사복경찰 같은 사람들을 시켜 교회를 염탐하게 하곤 했습니다. 그렇게 염탐하다가 전능하시고 창조자이신 신에 대해 직접 언급하든지 아니면 그런 뜻을 내포하거나 암시하는 간접적인 표현을 하든지 간에, 한국의 그리스도인들이 성경의 하나님이 일본의 태양신보다 더 크거나 강력하다고 암시하는 것들을 노래하거나 전파한다며 교회를 폐쇄하거나 목회자들을 감옥에 가두거나 찬송책을 갈기갈기 찢어버렸어요."

● 한국 교회의 성장 이유

여기서 한국 선교역사의 아름다운 한 단면을 본다. 단지 일본제국주의가 아니라 우상숭배에 저항하면서 한국 백성들과 한마음이 되었던 당시의 선교사들이 정통적이고 복음적인 선교사들이었다는 사실이다. 하지만 나는 그 시절에 자유주의적 성향을 가진 선교사를 일본으로 보내곤 했다는 솔타우 박사의 말을 들었을 때 내 몸에 힘이 전부 빠져나가는 것 같았다. 그런 말을 듣고 그에게 말했던 것이 기억난다.

"일본 선교에 그런 어처구니없는 몹쓸 짓을 하다니요!"

사람들은 "한국 교회가 급속도로 성장하여 꽃을 피운 반면 일본 교회는 너무 많은 고난을 겪은 까닭이 무엇이라 생각하느냐"고 내게 종종 묻는다. 나는 솔타우 박사가 내게 말해주었던 당시의 미국장로교회의 그런 선택들이 한국이 오늘날 전 세계에서 가장 큰 교회들의 본거지로 성장한 반면 일본은 전 세계 모든 미전도 종족 집단들 가운데 두 번째로 큰 집단인 이유와 관련해 지대한 영향을 끼쳤다고 믿어 의심하지 않는다.

신학은 중요하다. 그래서 우리는 그런 일본 땅에 복음을 중심으로 하는, 역동적인 개혁파 신학을 지향하는, 영감을 받은 하나님의 말씀으로서의 성경에 기초한 새로운 신학교를 설립하기 원했다.

2. 지리적 이유

나고야에 새로운 신학교를 설립한 두 번째 이유는 지리적인 것이었다. 나고야는 일본 제3의 도시로 거주 인구가 230만 명이며 나고야 시를 둘러싸고 있는 아이치 현의 인구는 9백만 명에 이른다. 렉서스와 토요타(자동차 회사), 노리다케(도자기 제조회사), 브라더(사무용기 제조

회사) 등의 대기업들이 나고야에 본사를 두고 있고, 일본의 무역수지 흑자의 70퍼센트 이상이 나고야 지대에 힘입고 있다. 또한 나고야는 도쿄과 오사카 사이 일본 국토의 중앙에 위치하고 있어 전국 어디로든 쉽게 갈 수 있는 교통의 요지이기도 하다.

현재 일본의 주요 신학교들 거의 대부분이 도쿄와 인근 지역에 위치하고 있다. 반면 나고야에는 평신도 훈련에 집중하는 신학 '주쿠'(일종의 사설 학원)가 딱 하나밖에 없어 목회의 뜻을 둔 진지한 졸업생들은 다른 도시의 학교들을 찾아가야 했다. 따라서 지도자 양성에 초점을 맞춘 신학대학원을 나고야에 세울 필요성이 있었다.

그러나 여기 나고야에 새로운 신학교를 세운 것은 첫째로 하나님의 선택이기도 했고, 둘째로 답장을 받지 못한 메일 한 통의 결과이기도 했다. 하나님의 선택이라고 한 까닭은, 우리가 전혀 알지 못했던 요인들이 많았음에도 하나님의 섭리로 인도되었기 때문이다. 그러나 그것은 몇몇 사람들과 그들의 인간적인 선택에도 관련되어 있었다.

나고야를 목표 지역으로 결정하게 된 가장 결정적인 요인은, 그곳이 바로 16개월 동안 아내와 내가 단기선교 사역을 했던 지역이라는 사실이었다.

우리는 1997년 내가 트리니티신학교에서 신학공부를 거의 끝마칠 무렵, 2년 정도 일정으로 일본 단기선교 사역을 펼칠 수 있는 기회를 탐색하기 시작했었다. 그전 1993년 여름과 마찬가지로 우리가 속한 교단의 세계선교회에 도움을 청했는데, 당시 그들은 일본 사역 팀을 두 개 갖고 있었다. 하나는 도쿄 외곽의 지바 현에 있었고, 다른 하나는 나고야에 있었다. 그래서 이메일 두 통을 작성하여 그 두 팀의 지도자들에게 각각 발송했는데 한 사람에게서만 답장이 왔기에 그 사람이 사역하는 지역으로 선교여행을 떠나기로 결정했다. 거기가 바로 나고야였다.

내게 답장을 해주지 않았던 그 지도자를 나중에 만난 적이 있는데, 그는 내가 나고야에 오게 된 배경과 내 비전에 대해 듣더니 이렇게 말했다.

"당신이 그때 지바에 와서 사역을 했어야 했는데…."

그 사람을 두 번째 만났을 때 나는 일전에 그를 처음 만났을 적에 "당신이 내 메일에 답장을 했어야 했는데…"라고 대답하고 싶었다고 말해주었다. 그때 내 메일에 답장을 해주지 않았던 그 지도자가 지금은 내 선임이 되어 있다. 그는 대단히 훌륭한 사람으로 나는 그를 무척 존경한다.

3. 교육적인 이유

세 번째 이유는 교육적인 것이었다. 사회의 모든 영역들이 날로 변하고 있는 지금, 나는 일본 교회가 몇 가지 면에서 '시간 왜곡' 현상에 갇혀 있는 것 같다는 느낌을 받는다. 나는 일본 교회가 현재의 이 상태인 까닭, 즉 고난을 겪으면서 지지부진한 까닭 중 하나가 목회자들 때문이라고 생각한다. 그리고 일본의 목회자들이 현재의 이 상태인 까닭은 신학교 때문이라고 생각한다.

일본의 많은 신학교들은 너무 보수적인 성향을 띠고 있다. 신학적으로 보수적이라는 게 아니라 교육적으로 혹은 교육학적으로 보수적이라는 말이다. 나는 일본의 신학교들이 신학적 보수 성향을 갖기를 진실로 소망하고 있다.

판에 박힌 암기가 일본 신학생들의 학습 방법이고, 장황한 강의 원고를 그냥 줄줄 읽어 내려가는 게 일본 신학교 교수들의 교수 방법이다. 따라서 신학교 교육의 핵심인 신학생들의 실제 삶이 일본의 많은 신학교들 안에서 영적으로 질식사할 위험이 있다.

교수들이 지나갈 때 학생들이 인사해도 가벼운 미소나 끄덕임으로 답례조차 해주지 않는 신학교들이 있다는 말을 들었다. 또한 씻을 때와 잘 때만 빼고 하루 온종일 정장을 입으라고 학생들에게 요구하는 신학교들도 있다고 들었다. 그런 신학교에서는 학생들에게 정원용 가위를 주고 교내의 풀을 자르라고 요구한다고 한다. 그것도 정장 차림으로 말이다.

한번은 어떤 청년이 나를 찾아와 우리 신학교에서 공부하고 싶다고 말했다. 그런데 몇 주 후에 내게 전화를 걸어 우리 학교에서 공부하지 못할 것 같다면서 사과했다. 이유인 즉, 자기네 교회의 목회자가 자기를 그들 교단의 보수적인 신학교에 잡아두기를 원할 뿐 다른 어떤 곳으로도 보내기를 거부하기 때문이라는 것이다.

그 청년은 내게 말했다.

"하지만 저는 나중에 목사가 되면 신학공부를 희망하는 학생들을 박사님 학교에 보낼 겁니다."

그래서 그 청년에게 말했다.

"그렇게 되기를 바라지만 글쎄, 그럴 수 있을지요….”

나는 그 청년이 자신이 원하는 믿음을 좇기 위해 장차 어느 날 그 신학교를 자퇴하거나 아니면 신학교 관계자들이 그 청년을 자신들이 원하는 모형으로 강제로 만들어갈 거라는 것을 알고 있었다.

무엇보다 나는 그리스도성경신학교를 가족적인 분위기가 있는 신학교로 설립하기를 원했다. 지역사회에서뿐만 아니라 강의실에서도 사랑과 은혜를 나누는 신학교, 거리낌 없이 질문할 수 있는 신학교, 자유로운 토론이 살아 있는 신학교, 학생들이 사고하는 훈련을 받아 스스로 사고할 수 있는 신학교로 설립하기를 원했다.

마지막 또 하나의 이유

다른 무엇보다 내가 이 신학교를 설립한 마지막 이유는, 내가 너무나도 모자라고 무지하여 그게 얼마나 어리석고 무모한 아이디어인지 전혀 깨닫지 못했기 때문이 아닌가 생각된다.

2001년 여름, 나는 나이가 지긋한 일본인 목회자 한 분과 대단히 중요한 만남을 가졌다. 나고야에서 가장 연로한 동시에 존경받는 목회자 중 한 분이었던 목사님은 새로운 신학교를 설립하는 일에 대해 내게 조언을 해주던 중이었다. 나는 그를 내 '일본 아버지'라 부른다. 실제로 우리 아버지와 동갑이시기도 하다.

목사님과 나는 존경받는 일본인 교회 지도자를 만나 새로운 신학교를 설립하고자 하는 우리의 아이디어를 의논하기 위해 고속열차를 타고 남쪽의 한 섬으로 향하고 있었다. 새로운 신학교를 위한 비전과 계획에 관한 다양한 자료들은 먼저 그 지도자에게 보낸 상태였다. 고속열차에서 한동안 말없이 앉아 있던 내가 일본 아버지에게 물었다.

"솔직히 어떻게 생각하십니까?"

그는 잠시 말이 없었다. 그러더니 질문으로 대답을 대신했다.

"마이클, '후로시키'라는 일본어를 알고 있나?"

"네, 알죠."

내가 대답했다. 나는 그것이 음식이나 책을 쌀 때 사용하는 전통적인 정사각형 모양의 천(보자기)을 뜻하는 단어임을 알고 있었다. 그러자 목사님이 내게 말했다.

"일본에는 '네 보자기가 너무 크다!'라는 속담이 있어."

그 순간 목사님이 무엇을 말하고 있는지를 정확히 이해할 수 있었다.

"이 프로젝트, 새로운 신학교를 세우는 이 아이디어, 이 비전은 너무 커. 자네나 내가 감당하기에 너무너무 어려운 일이야!"

이런 뜻이었다. 그 목사님은 신학교를 위한 도서들과 학생들과 교수들과 자금과 직원들을 확보하는 일이, 특별히 일본에서 그런 것들을 확보하는 일이 얼마나 어려운지에 대해 계속 말했고, 나는 그 말을 경청했다. 그리고 그런 관심과 우려에 감사의 뜻을 전했다.

하지만 나는 목사님을 다시 바라보면서 말했다.

"영어에도 격언 하나가 있습니다. '당신의 하나님은 지나치게 작다'는 것입니다."

그 순간에 목사님에게 따귀를 맞지 않은 건 순전히 하나님의 은혜 덕분이었으리라. 목사님은 나를 호되게 꾸짖는 대신 한동안 침묵하시더니 내게 말했다.

"마이클, 그래, 맞아. 자네가 백 번 옳아! 나는 지금 30년이 넘게 사역해오고 있어. 하지만 내가 아는 모든 것이라고는 여기 일본의 작은 교회들뿐이야. 나는 신학교를 세우는 것은 그만두고라도 그 이상의 것들을 상상조차 못하네. 하지만 하나님께서는 정말로 이 일을 하실 능력이 있으시고 더 많은 것들, 더 많은 것들, 더 많은 것들을 행하실 능력이 있으셔!"

부흥이 오는 순간

"우리가 흙 속에 잠들어 있는 동안 하나님께서 이 신학교를 사용하시어 수백만의 사람들에게 축복을 가져다주시기를!"

이것은 프린스턴신학교의 초창기 교수였던 아키발드 알렉산더(Archibald Alexander, 미국의 장로교 신학자, 프린스턴 대학교수)이 했던 말이다. 프린스턴신학교에서 첫 강의가 시작되었을 때 일본의 그리스도성경신학교와 마찬가지로 학생들은 딱 세 명뿐이었다. 그의 기도는 그리스도성경신학교를 위한 내 기도이기도 하다. 오늘 그리스도성경신학교는 일본에서 급속히 성장하고 있는 신학교 중 하나이다. 하나님의 은혜가 아니고 무엇이겠는가.

일본이라는 나라에서 우리 앞에 놓인 과제는 믿을 수 없을 만큼 어렵다. 우리가 감당할 수 있는 것보다 훨씬 더 크다. 일본에 있는 교회는 심히 어려운 환경에서 명맥을 유지하고 있다. 하지만 일본에는 교회의 생존 이상의 무엇이 필요하다. 교회의 생존보다 훨씬 더 큰 무엇이 필요하다. 일본에는 교회의 부흥이 필요하다! 그리고 그 부흥은 우리가 하나님 앞에서와 서로서로 앞에서 우리 자신을 겸손하게 낮출 때 올 것이다.

그 부흥은 실패에 대한 우리의 두려움과 인간에 대한 우리의 두려움과 우리 자신의 율법주의적인 의를 포함하여 우리의 죄를 자백할 때 올 것이다. 너무 왜소하고 빈약한 우리 자신에게서 눈을 돌려 우리의 하나님이 얼마나 위대하시고, 얼마나 경이로우시고, 얼마나 강력하시고, 얼마나 영화로우시고, 얼마나 은혜로우시고, 얼마나 크신지 볼 때 올 것이다.

우리는 이 세상과 사회에서 부딪치는 도전들 외에도 죄로 가득하고 고집스럽고 두려움으로 차 있는 상처투성이의 우리 마음을 각자 처리해야 하는 큰 도전에 직면해 있다. 그러나 우리 하나님께 시선을 돌리고, 하나님의 복음을 받아들이고, 하나님의 영광을 위해 일하면, 하나님께는 불가능한 것이 없다는 진리를 배우게 될 것이다.

이처럼 연약한 우리임에도 불구하고 하나님께서는 역사하신다!

기적의 선물

정신을 차리게 해준 한 마디

일본은 세계에서 가장 안전한 나라 가운데 하나지만 동시에 가장 안전하지 않은 나라이기도 하다. 일본은 칼에 찔리거나 총에 맞는 일이 가장 일어나지 않을 법한 나라들 가운데 하나이지만 정서적 괴롭힘을 당하거나 성적 추행을 당하거나 혹은 영적 속임수에 넘어가는 일이 세계 어느 나라보다 더 빈번히 일어나는 나라들 가운데 하나이기도 하다.

일본의 어린이들 가운데 70퍼센트 이상이 다른 아이들에게 괴롭힘을 당하고 있거나 아니면 다른 아이들을 괴롭히고 있다. 일본에서는 아동포르노를 소유하는 것이 합법이다. 일본의 고등학교 여학생 가운데 무려 9퍼센트에 이르는 많은 여학생들이 '엔조고사이'(원조교제)라 알려진 십대 매춘 형태에 관여한 경험이 있다는 보고가 있다. 일본에는

'히키코모리'(은둔형 외톨이)라고 하는 병적인 사회현상으로, 사회로부터 스스로를 격리시켜 방안에 틀어박혀 지내는 젊은이들이 1백만 명이나 된다. 일본 정부에 등록된 광신적 사이비 종교집단은 18만 개 이상이다.

일본은 가정이나 학교, 도시이거나 시골이거나 많은 젊은이들에게 안전한 곳이 아니다. 일본은 성적, 인간관계적, 정서적, 영적으로 안전한 나라가 아니다. 그래서 주님은 인간의 눈에 불가능하게 보이는 것, 즉 세계 부동산 시장에서 땅값이 비싼 곳인 일본 나고야 도심에 신학교 사역을 위한 캠퍼스를 매입하는 것을 놓고 우리가 4년 동안 기도했을 때(우리는 그렇게 기도해오면서 2005년에 일단 신학교를 개교했다), 놀라운 기회를 우리의 눈 앞에 가져다주셨다.

나고야 역에서 세 정거장밖에 떨어지지 않은 211평 규모의 건물이었다. 부동산 시장에 거품이 일었던 동안에 8백만 달러(한화 약 80억 원)까지 치솟았던 건물 가격이 130만 달러(한화 약 13억 원)에 매물로 나온 것이다. 건물 가격이 그렇게 싸게 나왔음에도 역사도 그리 오래지 않고 규모도 상대적으로 작은 우리의 사역으로는 건물 매입에 필요한 돈을 모금할 전망은 매우 희박했다. 130만 달러 자체도 엄청난 금액이었고, 그 돈은 내가 그때까지 모금해보았던 것보다 무려 120만 달러나 더 많은 액수였다. 그러나 하나님께서는 일본에서의 복음이라는 대의를 위한 하나님의 목표들을 계속 추진해나가셨다.

2007년 그 무렵, 미국의 미네소타에서 존 파이퍼 박사(그와는 그 이후 2009년부터 친구로 지내고 있다)를 만날 기회가 있었다. 나는 그에게 신학교를 위한 도심의 캠퍼스를 매입하는 과정에서 돌파해야 할 난제들과 우리가 처한 상황의 복잡성에 대해 말했다. 그런데 그는 나와 함께 기도하기 전에 쉽사리 무시하고 지나칠 수 없는 한 마디를 했다.

"하나님께서는 건물 자체보다는 당신이 그 건물을 잃게 될 경우에 어떻게 반응할지에 대해 더 큰 관심을 갖고 계십니다!"

마음을 점검할 때

정신이 번쩍 들었다. 나와 우리 팀이 마음을 점검해야 하는 중요한 시기임을 깨달았다.

'우리가 선물을 주시는 분보다 선물 자체를 더 귀하게 여겼던 것은 아닐까? 하나님께서 언제나 우리 자신의 생각대로가 아니라 하나님의 지혜를 따라 좋은 선물을 주시는 사랑의 아버지라는 것을 우리는 굳게 믿고 의지하고 있나?'

하나님께서는 우리에게 또 다른 현명한 조언자를 공급해주셨다. 내 선임 선교사 댄 아이버슨이었다. 그는 어떤 건물에 희망을 걸지 말고 오직 하나님께만 희망을 걸어야 한다는 것과 어쩌면 하나님께서 제2안을 갖고 계실지도 모른다는 것을 신학교 건물을 매입하는 과정 내내 우리에게 상기시켜주었다. 그리고 그가 조언한 대로 하나님께서 제2안을 갖고 계셨다는 게 얼마 뒤에 판명되었다. 우리는 하나님 이외에 의지할 곳이 전혀 없었으므로 사람들에게 90일 기도를 요청했고, 기적이 절실히 필요했으므로 기적의 하나님께 매달렸다.

전 세계 그리스도인들이 우리의 기도에 동참했다. 소셜미디어(트위터나 페이스북 같은 사회관계 통신망)를 통한 기도 동원을 최초로 체험한 때였다. 트위터와 페이스북의 도움 덕택에 24시간도 채 안 되어 세계 각국의 10만 명 이상의 사람들이 기도를 요청하는 우리의 글을 읽었고 이어 후원금도 들어오기 시작했다.

선교는 영적인 일이다. 그러나 재정적 방편이 없으면 돌아가지 않는다. 당시에 개인들과 교회들과 기관들이 보내준 후원금 중 기억에 남을 만큼 큰 금액들도 여럿 있었지만 가장 고마웠던 것은 세계 각 나라의 선교사들이 보내준 후원금이었다. 남아메리카, 일본, 인도, 중국, 심지어 아프가니스탄의 선교사들이 보내준 희생적인 후원금을 통해 5만 달러가 모금되었다. 그들은 대부분 한 번도 만나본 적이 없는 사람들이었다.

예수님이 제자들에게 가난한 과부가 그 누구보다 더 많이 바쳤다고 말씀하셨을 때(막 12:41-44 참조), 제자들이 느꼈을 마음을 조금이나마 이해할 수 있었다. 그리고 선교사들이 보내준 후원금 못지않게 내 마음을 찡하게 만든 후원금이 있었으니, 당시 아홉 살이던 내 큰딸아이가 자신의 전 재산을 털어 바친 20달러였다.

우리는 하나님의 놀라운 은혜로 말미암아 '90일 작정기도'의 82일째 되던 날, 130만 달러 전액을 모금할 수 있었다. 우리에게 필요한 이적을 하나님께서 공급해주신 것이었다. 그러나 재난 같은 일이 닥치고 말았다. 우리가 꿈에 그리던 그 건물 매입에 필요한 자금이 모금된 이후, 그 건물을 소유한 회사가 부도가 나는 바람에 법원이 그 건물을 압류한 것이었다. 우리는 법원보다 일주일이 늦었다. 우리 가운데 많은 이들이 의아해했다.

"도대체 하나님은 뭘 하고 계신 거지?"

우리와 다른 그분의 계획

그러나 그런 일이 일어난 그 주, 우리는 또 다른 건물에 대해 알게 되었다. 건물 평수 242평에 대지면적은 처음에 우리가 매입하려 했던 건물 대지면적의 2.5배였다. 그리고 우리가 처음에 매입하려 했던 건물이 나고야 역에서 세 정거장 떨어져 있던 반면 이번 건물은 나고야 역에서 도보로 4,5분 거리에 있었다. 부동산 시장에 거품이 일었던 때 그 건물은 거의 2천만 달러(한화 약 200억 원)까지 치솟았었다.

일본인 간사 한 사람이 그 건물에 대한 내 의향을 물었을 때 나는 "잊어요. 너무 비쌀 것 같아요"라고 말하려고 했다. 그러나 대신 "음… 일단 그 건물에 대해 더 많은 것들을 알아봐주세요"라고 말했다.

그 다음 몇 개월 동안 우리는 한국 드라마 같은 일들을 겪으면서 살았다. 내 친구들이 가끔 "한국 드라마는 어때?"라고 내게 물으면 나는 대답하곤 한다.

"여느 드라마들하고 비슷하지만 훨씬 더 드라마 같아!"

그랬다. 온갖 우여곡절, 막판의 결정들, 취소된 계약들, 지켜지지 않은 약속들, 마지막 순간의 탈환 등 온갖 일들을 겪은 우리는 머리카락이 온통 희끗희끗 세는 것만 같았다. 그러는 과정 중에 일본의 야쿠자가 그 건물 매입에 관여하고 있다는 소식에 긴장하기도 했고, 어떤 시점에서는 우리에게 거의 들어왔던 그 건물을 어떤 토지개발업자에게 빼앗길 뻔도 했다. 더욱이 그 건물을 소유한 회사는 매각 여부를 놓고 계속 갈팡질팡했다.

그리고 마침내 우리는 제2안을 갖고 계신 하나님의 은혜로 말미암아 그 건물과 대지를 매입하는 계약서에 도장을 찍을 수 있었다. 2천만 달러(한화 약 200억 원)의 건물을 120만 달러(한화 약 12억 원)로! 그 건물보다 지리적 조건도 더 좋지 않고 크기도 더 작았던 이전 건물의 매입가보다 10만 달러나 더 싸게, 시가 2천만 달러의 건물을 120만 달러에 매입했다. 무려 1,900만 달러(한화 약 190억 원)가 할인된 가격이었다.

그 건물이 지금 우리의 CBS(Christ Bible Seminary, 그리스도성경신학교)와 CBI(Christ Bible Institute, 그리스도성경연구소)의 본거지가 되었다. 그 건물은 일본 국토의 중앙에 위치한 나고야, 그중에서도 도심 한복판에 위치하고 있다. 문을 열고 나가면 1시간 40분 안에 도쿄에 갈 수 있고, 55분이면 오사카에 갈 수 있다. 덕택에 우리는 거의 6천만 명이나 되는 사람들에게 접근할 수 있다. 1시간 40분에 6천만 명의 인구에게 다가갈 수 있는 그곳은 세계에서 몇 안 되는 최적의 지리적 요충지 가운데 하나일 것이다.

더욱이 나고야와 도쿄를 잇는 시속 500킬로미터의 새로운 고속열차 노선이 최근 발표되어 현재 공사 중이라는 사실을 감안할 때 나고야에서 도쿄까지의 왕래 시간은 100분에서 40분으로 단축될 것이다. 우리는 도쿄 근교에 사는 대부분의 사람들보다 도쿄에 훨씬 더 가까이 있게 될 것이고, 그것은 나고야와 도쿄 사역에 그리고 그것을 아우르는 사역에 엄청난 영향을 끼칠 것이다.

마음과 영혼을 위한 카페

우리는 우리 사역의 새 캠퍼스, 일본 그리스도성경연구소(CBI Japan) 1층에 '마음과 영혼 카페'(Heart & Soul Cafe)를 열었다. 이는 앞서 언급했던 '안전한 공간'이라는 비전을 현실화한 것이다. 그곳은 젊은 사람들이 와서 차와 커피를 마시고, 영어를 배우고, 상담을 받고, 하나님 날개의 그늘 아래서 진정한 영적 안전을 발견할 수 있는 곳이다. 우리는 젊은 사람들이 그 공간에서 그리스도를 영접하는 것을 목격하는 기쁨을 이미 느끼고 있다.

그리스도성경신학교는 지난 몇 해 동안, 규모 면에서 두 배를 넘어 거의 세 배에 이를 정도로 괄목할 성장을 하고 있다. 우리 건물의 각 층은 감당할 수 없을 만큼의 사람들로 늘 초만원이다. 하나님은 선하시다!

까맣게 몰랐던 사실은, 우리 신학교 건물에서 모퉁이 하나를 돌면 바로 북한의 초등학교가 있다는 것이었다. 일본은 북한을 제외하고 북한 계열의 학교가 있는 세계 유일의 국가이다. 여기 일본에서는 한인연합(재일본조선인총연합회, 조총련)이 사실상 일본과 공식적인 유대가 없는 북한의 대사관 기능을 한다. 우리는 그 학교와 좋은 관계를 맺기 시작할 수 있었고, 나는 하나님의 사랑이 얼마나 놀라운지를 그들에게 분명히 보여줄 수 있게 되기를 진정으로 소망하고 있다.

또 하나 몰랐던 중요한 사실이 있었다. 우리 카페에서 한 시간 거리에 있던 총학생수 9,500명 규모의 대학이 마음과 영혼 카페가 문을 연 바로 그 주간에 몇 분밖에 떨어지지 않은 곳으로 이전해왔다. 그 학교는 현재 우리의 대학교 전도활동을 위한 주요 무대가 되고 있다. 우리는 그곳, 아이치대학에서 그리스도를 믿게 된 많은 학생들을 알고 있다.

우리는 북한의 초등학교나 아이치대학에 대해 아무것도 모르고 있었다. 그러나 하나님은 알고 계셨다. 나는 우리가 오늘의 이 상태에 이르기 위해 그간에 겪어야 했던 일들에 대해 하루라도 생각하지 않는 날이 없다. 돌이켜보면 충분히 겪을 가치가 있는 눈부시게 아름다운 한 편의 드라마였다. 그 드라마는 하나님의 목표가 앞으로 계속 나아간다는 것, 오직 하나님의 영광을 위해 끄떡도 않고 계속 나아간다는 것을 상기시켜준다.

더불어 그 드라마는 하나님께서 우리 팀원들 마음에 일으키신 성화(聖化), 하나님께서 영향을 끼치신 세계적인 차원의 기도 동원, 심지어 어려운 형편에서도 주님을 위해 동전 두 닢을 기꺼이 바치는 선교사들을 통한 후한 베풂과 공급, 세계에서 가장 큰 미전도 국가에 살고 있는 길 잃은 영혼들에게 그리스도의 빛을 비추고 소망을 가져다주기 위해 나고야 도심의 제1급의 부동산을 매입하는 일, 마치 애굽 사람들의 은금 패물과 의복을 취하는 것과 같은 기회 등에서 분명하게 확인할

수 있었다. 하나님의 가장 중요한 목표가 '사람들'에게 초점이 맞추어
져 있다는 것을 상기시켜준다.

주님, 감사합니다!

미네소타에서 존 파이퍼를 방문했던 그때, 우리가 그의 사무실을
나와 공항으로 향하기 전 그는 나고야의 건물 사진에 손을 얹고 기도
하는 마음으로 이렇게 외쳤다.

"주여, 행하소서! 이 건물을 공급해주소서!"

그리고 주님께서는 정말로 그렇게 행하셨다. 주님의 때에 주님의 방
식으로 주님의 영광을 위해서 그렇게 행하셨다. 우리임에도 불구하고
하나님께서는 역사하신다. 나는 그 사실을 깨달을 뿐 아니라 받아들
이는 데 이르렀다. 그 사실 안에서 기뻐하는 데 이르렀다.

역사하시는 하나님께 감사드려라! 우리임에도 불구하고 역사하시
는 하나님, 나 같은 사람인데도 불구하고 역사하시는 하나님께 감사
드려라! 하나님의 일이 나에 의해 좌지우지 된다면 엄청난 낭패를 면
치 못할 것이다. 하나님의 일이 궁극적으로 나에 의해 좌지우지 되지
않는 것에 감사드려라!

시작도 하나님, 끝도 하나님!

하나님께서 영예를 얻으신다!

하나님께서 영광을 받으신다!

석별의 날에 　　오성규

오십 고개 넘어서면서
누구나 한번쯤은 죽음을 생각하겠지

몇 해 더 사나 덜 사나
별 사이에 흐르는 영원에 비하면
가을날 낙엽 지는 순서의 차이

오늘 여기
긴 나그네길 마치고
생명 시냇가 안개 넘어서
사라져간 그대 그리며 슬픔에 젖네

숲 사이로 숲 사이로 헤매다 보니
다시 그곳에 와 있듯이
산다는 건 쳇바퀴 도는 것

이제는 손 놓고
평안히 즐길 때인가 했는데

이제 더 슬픔도 없고 눈물도 없고
더는 늙지도 않은 채

그대가 우리를
내일이란 세월로 떠나 보내는 건가?

어떻게 사랑하고
어떻게 아끼고
어떻게 감사하고 사는 것이
참된 삶이라 일러주면서

정말 고운 교향악은
삼악장에서 끝나도 아름다운 것
미완성으로 완성된
그대의 삶이어라

그 곱던 마음
겸손과 사랑의 표정
많은 사람에게 거저준 사랑의 손길
우리 가슴 깊이 오래 남으리

어둠을 뚫고 밤 사이로 오는
찬란한 새벽
천사들 합창 울리고
우리 또한 목소리 높여
찬양할 그 찬란한 아침
우리 주님 베푸실
그 잔치 마당에서 다시 만나리

'M

3 /PART

나는 예수를 위해
잊혀진 사람이 되고 싶습니다

NOTHING

뜻밖의 기회

16
CHAPTER

나는 왜 안 돼?

펜실베이니아대학 1학년 생활이 거의 끝날 무렵 나는 갓 태어난 그리스도인으로서 믿음이 성장하고 있었다. 당시 내가 속해 있던 기독학생회 지도자들은 차기년도 임원진에 누구를 넣을지 고심하고 있었고, 내 이름이 거론되고 있다는 소식에 나는 무척이나 흥분했다. 그동안 임원 친구들이 부러워 임원진에 정말 들어가고 싶었기 때문이다.

사실 나는 이미 다양한 지도책임을 부여받은 상태였다. 나는 아직 믿지 않는 학생들을 위한 IBS(탐사성경공부)를 이끌고 있었다. 그것은 내가 진지한 자세로 성경을 읽기 시작한 지 한 달이 지났을 때 맡은 임무였다. 그래서 성경공부라기보다 차라리 코미디에 가까웠다. 교내 게시판의 모집공고를 보고 들어온 상급생은 들어오자마자 신인동형론(하나님이 인간과 비슷한 존재인 것처럼 말하는 관점)과 다른 복잡한 문

164 I'm nothing

제들에 관한 질문을 거침없이 쏟아냈다. 그때마다 나는 혼비백산하여 갈팡질팡 헤매곤 했다.

또한 기타를 배운지 얼마 안 됐을 때였다. 한번은 내 룸메이트가 간단한 기타 연주 코드를 내게 가르쳐주고 경제학 강의를 들으러 갔다. 그런데 내가 얼마나 열심히 연습을 했던지 기타 줄을 튕길 때 쓰는 기타 피크를 부러뜨렸다. 나는 그 친구에게 온 마음을 담아 사과했다. 그랬더니 친구는 "괜찮아. 10센트밖에 안 해"라고 말했다. 얼마나 안심이 되던지….

기타를 배운 지 몇 주일 지났을 때, 나는 우리 기독학생회 모임에서 찬양을 인도했다. 기독학생회의 많은 지도자들이 나를 주목하고 있었다. 그들은 여러 영역에서의 내 재능을 눈여겨보았다. 그런 면에서 나는 탁월한 지도자감이었다. 하지만 그들은 중요한 한 가지 실수를 했다. 젊은 지도자들이 이끄는 젊은이들의 모임에서 흔히 일어나는 실수로, 바로 내 다재다능함을 영적 성숙으로 착각한 것이다.

물론 나는 재능이 있었다. 하지만 영적으로는 아직 어린아이에 불과했다. 남들을 먹이는 게 아니라 내가 먹어야 했다. 내게는 다른 사람들을 돌봐주는 책임이 있는 게 아니라 나를 돌봐줄 누군가가 필요했다.

평소에 나와 가까이 지내던 두 명의 상급생이 내가 임원진에 들어가는 것에 이의를 제기했다. 충격이었다.

'왜 나는 안 된다는거야?'

자존심이 상했다. 새로운 영적 삶의 모든 열정이 사라지는 것 같았다. 그때 나는 욥과 같은 힘든 시간을 경험했다. 마치 하나님께 맞고 또 맞아 일어날 수 없는 욥이 된 것 같았다. 내 평생에 그렇게 많이 울었던 적은 없었다.

하나님께서는 그해 일 년 동안 은혜롭게, 신실하게, 사랑으로 내게 계속 상처를 입히셨다. 그해는 내 욥의 해였다. 지금은 그런 시간을 허락해주신 하나님께 영원토록 감사드린다. 당시 나는 '교만'이라는 위험한 길로 내달리고 있었고, 내 친구들은 그 사실을 알아차렸다. 그리고 주님께서는 그들을 들어 사용하셔서 나를 보호해주셨다. 진실로 친구의 아픈 책망은 신실한 우정의 표현이다(잠 27:6 참조). 하나님께서는 은혜롭게도 교만한 자들의 마음 안에서도 역사하신다.

두 가지 위험

나는 영화 〈위대한 승부〉를 보고 실패에 대한 두려움에서 벗어난 이후 영적으로 성장하면서 풍요로운 시기를 보냈다. 믿음과 용기의 꽃이 피어나는 시절이었다. 나는 겁 많은 소년에서 날로 성장하는 청년으로, 더 용기 있는 젊은이로 변모했다. 그러자 주님께서 나를 위해 문을 열어주기 시작하셨다. 주님께서 일본에서의 우리의 사역을 축복하시면서 나는 이런저런 모임에서 설교와 연설을 할 기회들을 더욱더 많이 갖게 되었다. 두렵기도 했지만 흥미로운 시절이었다.

트리니티신학교와 하버드를 졸업하고 일본 선교사로서의 삶을 시작했을 무렵, 필라델피아에서 '영어사역 선교대회'가 열렸다. 임마누엘

교회에서 설교를 그때 해달라는 초대를 받았다. 당시 내게는 그런 큰 모임에서 설교를 한다는 게 너무나도 긴장되고 떨리는 일이었다. 신학교에 다니면서도 한국 교포들과 긴밀하게 접촉하지 못했기 때문에 그들 앞에서 설교할 기회가 별로 없었다. 또한 2004년에는 '사랑으로 하나'(One in Love)라는 규모가 제법 큰 대회에서 강연을 하기도 했다. 그때 너무나 긴장한 탓에 내가 무엇을 하고 있는 것인지도 몰랐지만 그런 나인데도 불구하고 주님은 역사하셨다.

당시 청중들에게 '인생에서 적어도 일 년 정도는 선교 현장에서 봉사하라'라고 도전했을 때 무려 200명이 넘는 사람들이 기립하여 헌신을 다짐했다. 이후 십 년 동안 그들 가운데 50명 이상을 만나 지금 막 선교 현장에서 돌아왔다거나 이제 곧 선교 현장으로 갈 예정이라는 소식을 전해 들었다. 그때의 기쁨은 정말 이루 말할 수가 없었다.

어느 날 유명인사들이 누리는 지위와 인기 있는 목회자들과 강사들이 체험하는 것에 익숙해져 있는 나를 보게 됐다. 그런 것들에는 두 가지의 위험이 있다. 요즈음 나는 우리 신학교 학생들에게 이에 관해 종종 말하곤 한다.

첫 번째 위험은 청중들이 수긍한다는 의미로 고개를 끄덕인다고 '내가 한 설교가 좋은 설교구나'라고 생각할 때다. 청중석에서 '아멘' 소리가 우렁차게 예배당 안에 울려 퍼지는 가운데 계속 설교를 하면서 '나는 좋은 설교자구나'라고 생각할 때다. 설교가 끝나고 당신과 이야기를 나누려고 기다리는 수많은 사람들을 보며 '나는 훌륭한 사람이구나'라고 생각할 때다.

두 번째 위험은 누구도 고개를 끄덕이지 않는 것을 보고 '내 설교가 나쁜 설교구나'라고 생각할 때다. 청중들 가운데 '주여, 우리 목사님을 도우소서'라는 애달픈 기도가 울려 퍼지는 가운데 당신이 계속 설교를 하면서 '나는 나쁜 설교자로구나'라고 생각할 때다. 또 설교가 끝난 뒤에 당신과 이야기를 나누기를 열망하면서 기다리는 사람들이 하나도 없는 것을 보고 '나는 형편없는 사람이구나'라고 생각할 때다.

자유롭게 해주는 발견

2006년, 나는 말레이시아에서 개최될 '로잔 청년 지도자 모임'에서 기조연설을 하는 놀라운 기회를 갖기로 되어 있었다. 앞으로 전 세계 교회를 이끌어갈 세계 111개 나라 550명의 미래 지도자들 앞에서 연설을 할 영예로운 기회였다.

그로부터 몇 개월 전, 아내와 나는 선교사에게 주어지는 일 년 동안의 휴가를 보내기 위해 고향인 필라델피아로 돌아왔다. 그리고 고향에 도착한 첫 주일부터 지역 교회들에서 설교하면서 바쁜 나날을 보냈다. 도착한 첫 주일에 필라델피아의 그레이스 커버넌트교회에서 설교를 했다. 그리고 오후 내내 나는 아내의 입에서 내 설교에 대한 긍정적인 말이 나오도록 노력했다. 설교를 잘했다는 아내의 말이 듣고 싶었다. 강아지를 쓰다듬어주는 주인의 손길 같은 것이 내게 필요했다.

하지만 일본에서 몇 년을 살다가 고향인 미국으로 돌아온 그녀가 '역(逆) 문화충격'으로 힘들어하고 있는 줄은 전혀 몰랐다. 그녀는 완전 지쳐서 내 설교를 칭찬해주는 대신 예리하게 비판했다. 아내의 그런 반응에 나는 산산이 무너졌다. 그리고 우리가 그날 우리 부부 사이에 일어났던 일들을 되새기면서 서로를 용서하기까지는 어느 정도의 시간이 걸렸다.

하지만 그날의 그런 체험 덕택에 오히려 나 자신의 마음과 삶을 더 잘 이해하기 위한 진지한 반성을 할 수 있었다. 나는 그 과정에서 두 가지를 깨달았다. 하나는 내 설교가 끝난 뒤에 나를 만나려고 기다리는 많은 사람들의 칭찬이 '말(馬)의 입에 넣어주는 각설탕'과 같다는 것이다. 말이 유독 좋아하는 각설탕은 달다. 그러나 사람의 건강에는 좋지 않다. 그런데 단맛을 즐기는 사람은 자신을 합리화하기가 쉽다.

'작은 각설탕일 뿐이야. 건강에 그리 해롭지 않아. 설탕은 주님의 일을 위한 거야. 사람들의 삶이 변화되는 것을 보는 게 정말 좋아!'

내가 깨달은 다른 하나는 다른 사람들이 던져주는 '각설탕'보다 더 많이 아내의 칭찬을 원한다는 것이다. 지나치게 많이 필요로 한다. 아내가 흡족해하면 다른 사람들의 생각은 내게 전혀 문제가 되지 않았다. 이런 내 내면의 지나친 욕구의 상당 부분이 누나와의 관계와 연관되어 있다는 것도 깨달았다. 나는 어릴 때부터 누나의 마음에 들려고 노력했다. 그러면서 누나에게 거부당하는 아픔도 적지 않게 느꼈다.

나중에 누나에게 직접 들은 이야기이다. 내가 태어나던 날, 어머니의 친구 분이 나를 가리키면서 당시 세 살이던 누나에게 말했다고 한다.

"저 아이는 아주 특별해. 아들이기 때문이야."

누나가 눈물이 그렁그렁한 눈으로 그 이야기를 내게 해줬을 때 난

마치 누나에게 내동댕이쳐지는 것 같았다. 그러면서 살아온 모든 시간들을 이해할 수 있을 것 같았고, 그런 누나에게 약간의 연민도 느낄 수 있었다. 그때는 아무리 그래도 어떻게 갓난아기를 탓할 수 있냐며 누나에게 불평했지만 속으로는 '그래, 세 살밖에 되지 않은 여자아이를 어떻게 탓하겠어'라는 생각도 했다.

그것이 누나와 동생이면서 장남인 나 사이에 묘한 긴장감을 불러 일으켰다. 하지만 내게는 누나가 그 누구보다 더 필요했다. 나는 부모님보다 누나를 더 우러러보았다. 누나는 우리 가족들 중에서 내 언어와 내 문화를 아는 유일한 사람이었다. 그래서 나는 누나에게 인정을 받으려고 내 인생의 상당한 시간을 보냈다.

다행히 하나님의 은혜로 대학시절부터 누나와 친밀해졌다. 물론 그이후에 누나와 다툰 순간이 없었던 것은 아니다. 하지만 나를 그리스도께로 이끌어준 누나에게 가장 큰 고마움을 느낀다. 그러나 내가 인정받기를 갈망했던 성장기의 그 에너지와 불안감은 성인이 된 이후에 누나에게서 아내에게로 옮겨졌다. 그것은 아내의 입장에서 매우 부당한 일이었다.

내 내면에 숨겨진 그런 아픔을 찾아내어 복음의 빛 안으로 가져갔다. 내가 하나님의 아들을 통해 그분 앞에 완벽하게, 조금의 모자람없이 사랑스럽게 받아들여졌고 인정받았다는 것을 알게 되었다. 그래서 내 마음의 빈 곳을 찾아내지 않아도 되며, 사람들을 통해 메우지 않아도 됐다. 그것은 내게 정말 고통스러운 발견이었다. 동시에 날 자유롭게 해주는 발견이기도 했다.

뜻밖의 초대

2007년 신학교 건물 매입을 놓고 한창 기도하고 있었을 때 존 파이퍼에게 메일 한 통을 받았다. 정말 충격적인 일이었다. 그 메일은 우리가 총괄적으로 사용하고 있던 웹 사이트 주소로 왔다. 대표 메일을 관리하던 팀 동료가 메일을 내게 전달하면서 말했다.

"와우, 존 파이퍼 목사님에게서 메일이 왔네요."

메일을 열어보았다. 내 사역에 대해 듣고 나를 위해 기도하고 있는 중이라는 간략한 메시지가 적혀 있었다. 나는 들뜬 아이처럼 바로 답장을 보냈다.

저는 당신의 열렬한 팬입니다. 당신의 많은 저서들은 내 삶에 큰 영향을 끼쳤습니다. 직접 배울 기회가 없다고 해도 내게 단 한 마디도 건네지 않아도 전혀 상관없습니다. 나중에 어떤 모임에서라도 함께 참석할 수 있다면 더 없이 좋을 것 같습니다.

그에게서 답장은 오지 않았다. 나는 생각했다.
'괜히 스토커 같은 인상을 준 거 아닌가!'

그런데 그로부터 몇 개월이 지난 뒤 그에게서 다시 메일 한 통이 왔다. 2009년에 하는 '하나님을 열망하는 목회자 대회'(Desiring God Pastor's Conference)에서 연설을 해달라는 요청이었다. 처음 그의 메일을 받았던 때보다 훨씬 더 충격적이었다.
'왜 나한테 연설 요청을 하는 거지?'

사실 말도 안 되는 초대였다. 나는 그런 큰 대회는 물론이고 이런저런 대회에서 연설을 해본 경험이 전혀 없는 상태였다. 나는 경험도 이름도 없는 한 선교사에 지나지 않았다. 심지어 그를 개인적으로 만난 적도 없었다.

2007년 말 그를 방문하기 위해 여행길에 올랐다. 2009년에 대회가 열리기 전에 그를 만나보는 기회를 갖기 위해서였다. 그가 있는 미네소타로 향했다. 그 대회에서 멋쩍게 처음 만나는 상황을 겪지 않기 위해 내 하루를 투자하는 것도 가치 있는 일이라고 생각했다. 그를 만났을 때 내 삶의 이야기와 복음을 알지 못하는 민족들을 향한 뜨거운 내 마음을 전할 수 있었다. 특별히 그는 우리 가족들과 내가 한국계 미국인으로서 일본인들을 사랑하는 소명을 갖고 있다는 사실에 깊은 관심을 보였다.

내가 그에게 물었다.

"많고 많은 사람들 중에 왜 저를 연사로 초청하신 것입니까?"

그가 대답했다.

"인터넷을 뒤지다가 당신의 설교 몇 편을 들었어요. 그래서 당신을 초청하여 당신의 이야기를 사람들에게 들려주는 게 좋겠다고 결심했죠."

나는 생각했다.

'인터넷을 뒤적거렸다고? 이 분이 제정신인가?'

나를 그 대회의 연사로 초청하는 것은 정말 엄청난 모험이다. 나중에 그에게도 이렇게 말했다. 그 대회의 또 다른 연사인 매트 챈들러

(Matt Chandler, 《완전한 복음》의 저자이며 미국 복음주의자의 차세대 리더 목회자) 목사도 나와 더불어 여태껏 그 대회에 초청된 연사들 가운데 나이가 가장 어렸다. 그는 적어도 유명한 목회자였지만 나는 아무것도 아니었다.

떡 다섯 덩이와 물고기 두 마리

마침내 시간이 흘러 대회가 열렸다. 나는 망연자실하여 생각하고 또 생각했다.

'많은 사람들 중에 왜 하필이면 나지? 왜 나인거지?'

매트 챈들러 목사가 감탄할 만큼 훌륭한 내용으로 연설하는 것을 맨 앞줄에서 지켜보면서 생각했다.

'아, 주님! 대체 지금 제가 여기서 무엇을 하고 있는 것입니까?'

그러나 그날 밤 그렇게 두려워하는 중에 주님께서 내 마음에 분명하게 말씀하셨다.

'떡 다섯 덩이와 물고기 두 마리. 내가 네게 요구하는 건 그게 다야!'

그래서 기도했다.

'네, 주님. 제 떡 다섯 덩이와 물고기 두 마리를 주님께 드리겠습니다. 나머지는 주님께 맡기겠습니다!'

그날 주님은 은혜롭게도 내 연설을 강력하게 사용하시어 많은 선교사들을 불러 모아 그들을 전 세계의 모든 곳으로 보내셨다. 그때 나는 그 연설을 통해 500명의 선교사들이 양육받는 역사를 일으켜달라고 기도했다. 그리고 지금은 주님께서 그 수보다 두 배 더 많은 선교사들을 양육하기 위해 그 연설을 사용하시고 앞으로 사용하시기를 소망하고 있다.

그럼에도 불구하고 존 파이퍼 목사님이 엄청난 모험을 감행했다는 것은 의심의 여지가 없다. 그리고 그의 그런 위험을 감수한 것이 엄청난 낭패가 될 뻔도 했다. 만일 설교나 강연을 통해 사람들에게 인정을 받으려는 욕구가 헛된 것임을 깨닫기 전에 나를 초대했다면 정말 재난 수준의 참사가 일어났을 것이다. 나는 그 초대를 감당할 준비도 되어 있지 않았을 것이고, 내 교만은 그 대회를 다 망쳤을 것이다. 그러나 하나님의 은혜는 부족함이 없고 하나님의 때는 완벽하다! 우리임에도 불구하고 역사하시는 하나님, 우리를 통해 역사하시는 하나님께 진정으로 감사를 드린다.

나는 '2009년 어배너 선교대회'에서 축구장에 운집한 1만7천 청중들 앞에서 연설할 기회를 가질 수 있었다.

내게 너무 과분한 진주

현숙한 여인

나는 세상에서 제일 좋은 아내를 맞이했다. 그녀의 이름은 '펄'(Pearl)
이다. 이름의 뜻대로 정말 귀한 진주 같은 사람이다. 나는 가끔 내가
그리스도인이 되지 않았다면 어떻게 되었을지 생각해본다. 생각만으
로도 두렵다. 또 내가 아내와 결혼하지 않았다면 어땠을까 생각해도
두려운 마음이 든다. 그녀는 고결한 품성을 지녔다. 모든 면에서 나는
그녀를 신뢰할 수 있다. 그녀는 믿음의 여자다. 나는 그녀가 하나님을
의심하는 것을 단 한 번도 보지 못했다. 하나님을 향한 그녀의 잠잠한
신뢰와 헌신은 아름답다.

　그녀는 하늘나라에 마음을 두고 있다. 물질적인 것에 매료되지 않
는 그녀에게서 나는 후한 베풂을 배웠다. 돈의 소중함도 배웠다. 그녀
는 우리 집보다는 경제적으로 넉넉하지 않은 가정에서 성장했다. 그녀

의 부모는 정말 열심히 일했다. 그녀의 어머니는 간호사였고, 아버지는 필라델피아 외곽에서 작은 식료품점을 운영했다.

그녀는 내게 무엇을 사달라고 조른 적이 단 한 번도 없다. 우리가 누릴 수 없는 어떤 것에 대해 한 마디 불평한 적도 없다. 학교를 졸업하고 우리가 일하기 시작했을 때 교회와 선교를 위해 정기적으로 헌금을 바치는 것에 대해 가르쳐준 사람도 그녀였다. 그녀는 열심히 일하는 사람이다. 그녀의 부모와 마찬가지로 아침 일찍 일어난다. 어떤 날은 내가 일어나기도 전에 다른 주부들이 온종일 하는 일들보다 더 많은 일들을 해놓는다. 또한 훌륭한 엄마다. 우리 집 아이들이 다섯 명이나 된다는 말을 듣고 사람들이 내게 슈퍼맨이냐고 물을 때면 나는 대답하곤 한다.

"아뇨, 저는 슈퍼우먼과 결혼했어요!"

그녀는 내가 지금까지 알고 있는 세상의 모든 여자들 가운데 잠언 31장에 나오는 '현숙한 여인'에 가장 근접한 여자다. 내가 유일하게 의문을 품고 있는 부분은 그녀의 판단이다. 왜 그런 훌륭한 여성이 내 아내가 되는 데 동의한 것일까? 어쩌면 나를 받아준 것은 그녀의 잘못된 선택이었을지 모른다. 사람들이 잘 모르는 사실이 있다. 아내가 나보다 훨씬 더 똑똑하다는 것이다.

우리가 교제를 시작하기 전, 우리 둘 다 펜실베이니아대학 신입생이었을 시절, 그녀의 평균 학점은 내 학점보다 훨씬 더 높았다. 그러나 우리가 교제를 시작한 이후에 내 평균 학점은 올라갔고, 그녀의 학점은 내려갔다. 당시 나는 고등학교 시절과 마찬가지로 '많이 공부하지 않는' 내 방식을 지속하고 있었다. 우리는 몇 시간 동안 읽어야 할 책들과 자료들을 가방에 챙겨 밤늦게까지 공부할 요량으로 도서관으로 향하곤 했다. 그러나 도서관 의자에 엉덩이를 붙이고 앉은 지 얼마 지나지도 않아 내가 쪽지 하나를 책상 너머로 슬며시 그녀에게 보내 말하곤 했다.

"우리 놀러가자!"

그녀는 내 제안을 쌀쌀맞게 뿌리치지 못했고, 우리는 서로 어울려 재미있는 일들을 하곤 했다. 내 젊은 시절에 가장 즐거웠고 재미있던 시간들이었다. 아내는 나를 만나기 전에 의과대학 학생이었지만 우리가 선교 사역에 대해 생각하기 시작하면서 의학공부를 그만두었다.

나를 만나기 전에 그녀가 미국에서 평생을 살아가려는 인생 계획을 갖고 있었다는 것은 의심의 여지가 없다. 그녀는 우리가 트리니티신학교가 있는 일리노이 주로 이사하기 전까지는 필라델피아를 한 번도 벗어난 적이 없었다. 나와 결혼하여 지구를 반이나 돌아 일본으로 가야 하는 것은 그녀의 인생에서 대대적으로 계획을 수정해야 하는 중대한 사안이었다. 그래서 나는 사람들에게 종종 말했다.

"아내에게 있어서 나와의 결혼생활은 그리 쉽지 않았을 거예요."

사랑의 노래

1999년에 우리가 일본에서 보낸 16개월 동안의 첫 번째 단기사역임기 마지막 날 밤, 우리는 특별한 저녁을 먹었고, 나는 그녀에게 〈내 날

개 밑에서 부는 바람아〉(The Wind Beneath My Wings, '그대가 있어 독수리보다 높이 날아올라요. 그대 없는 나는 아무것도 아니에요'라는 서정적인 사랑 노래)라는 노래를 불러주었다. 이 노래를 통해 내가 그녀를 얼마나 사랑하는지, 하나님께서 그녀를 통해 나를 축복하기 위해 행하신 모든 것들과 나를 통해 다른 사람들을 축복하기 위해 행하신 모든 것들에 얼마나 감사하고 있는지 말했다.

물론 내 아내는 완벽하지 않다. 하지만 나는 완벽하지 않은 그녀를 사랑한다. 그리고 너무나 허술한 나를 사랑해주는 그녀에게 늘 고마움을 느끼고 있다. 그날 아내와 데이트를 하는 동안, 잠언 31장의 구절들을 따서 노래 한 곡을 아내에게 바쳤다.

*

뛰어난 아내

1절
그녀는 평생 남편을 이롭게 하고
남편과 기쁘게 일해요.
아직 동트기 전에 일어나
가난한 이들에게 손을 뻗어요.
그녀를 사랑하지 않을 수 없으니
주님, 감사해요!

(후렴)

누가 훌륭한 아내를 찾아낼 수 있나요?

그녀는 보석보다 귀해요.

그녀의 남편의 마음은 그녀를 신뢰하고

부족함 없이 얻어요.

2절

품위와 강인함이 그녀의 옷이에요.

그녀는 미래를 생각하면서 미소 지어요.

지혜로 입을 여니 친절함이 혀에 묻어나요.

그녀를 사랑하지 않을 수 없으니

주님, 감사해요!

3절

그녀는 게으름의 빵을 먹지 않아요.

그녀의 아이들이 일어나 그녀를 칭송해요.

매력은 기만적이고, 아름다움은 헛되나

그대, 하나님을 경외하는 여인이여!

어찌 내가 그 이상을 요구할까요?

그녀의 지혜로 입을 여니 친절함이 말에 묻어나요.

그녀를 사랑하지 않을 수 없으니 주님, 감사해요!

그녀의 지혜로 입을 여니 친절함이 말에 묻어나요.

그녀를 사랑하지 않을 수 없으니 주님, 감사해요!

아내의 소명

그런데 1998년, 우리가 16개월의 단기사역을 위해 일본으로 떠날 준비를 하고 있는 동안에게 이런 질문이 생겼다.

'아내도 일본 선교에 대한 소명을 갖고 있을까?'

나는 만약 그런 질문을 아내에게 한다면 그녀에게 매우 부당한 질문이 되리라는 것을 잘 알고 있었다. 그러면서 '물론 그녀는 갖고 있지 않을 거야'라고 스스로에게 대답하곤 했고, 이어서 '그래도 괜찮아. 어떻게 그녀가 그런 소명을 가질 수가 있겠어? 일본에 가본 적도 없는데…'라고 정리하곤 했다. 나는 그녀를 내 아내로 사는 것의 압박감으로부터 지켜주는 게 중요하다는 것을 처음부터 의식하고 있었다.

나는 일본 선교에 대한 내 확신과 신념을 하루아침에 받아들이라고 그녀에게 부담을 주고 싶지 않았다. 다른 사람들이 부담을 주도록 내버려둘 마음도 없었다. 이런 내 태도가 그녀의 마음을 편안하게 해주었고, 이에 그녀가 그 무엇에도 구속을 받지 않고 선교를 향한 열정과 일본 선교사로서의 확신을 키워간 것이라고 생각한다.

그녀는 내 분수에 넘치는 아내이다. 그녀는 결혼한 첫날부터 내가 이끄는 대로 믿고 따라주었고, 주님께서 우리를 어디로 인도하시든지 기꺼이 따르겠다는 마음으로 지금까지 나와 함께하고 있다.

아내와 나는 매우 논리적인 선교의 소명을 갖고 있다. 복음을 거의 또는 전혀 접해본 적 없는 사람들이 있다면, 복음을 기꺼이 전하고자 하는 그리스도인들이 거의 없다면 우리가 그들에게 가야 한다는 소명이다. 주님께서 머물러 있으라고 명하시지 않는 한 우리가 그들에게 가야 한다는 것이다.

나는 아내의 이런 마음과 소명 덕분에 어떤 것에도 구애받지 않고 주님의 가장 높은 영광과 목적에 전력을 다하는 기쁨을 20년이 넘은 결혼생활 동안 계속 느끼면서 살고 있다. 아내는 내게 가장 귀한 선물이다. 아내가 갖고 있는 주님을 향한 믿음과 남편에 대한 신뢰는 요즘의 아내들에게는 거의 찾아볼 수 없는 것 같다.

아내는 다른 사람들이 있건 없건 내게 전폭적인 신뢰를 보여준다. 다른 사람들 앞에서 절대 나를 비난하거나 흉을 보지 않는다. 정말 많은 아내들이 서로 모여 남편의 이런저런 점들에 대해 서로 불평하면서 남편을 헐뜯는다. 남편이 출장갈 때 얼마나 좋은지, 남편을 챙기는 것에서 벗어날 때 얼마나 큰 해방감이 드는지에 대해 서로 말한다.

하지만 아내는 그 어떤 문제에서든지 나를 옹호해줄 뿐 아니라 주님의 이름을 드높인다. 나는 아내가 언제나 그럴 거라는 것을 신뢰할 수 있고 그런 아내가 있어 정말 감사하다. 우리가 부부로 살아온 세월이 벌써 20년이 넘었다는 게 믿기지 않는다. 4년 반을 교제하다 결혼을 했고, 지금 우리가 마흔셋이니 인생의 절반 이상을 함께 살아온 셈이다.

우리가 펜실베이니아대학 신입생으로서 교제를 시작했던 때를 돌아보면 정말 어린아이 같다는 생각이 든다. 실제로 사람들은 지금도 우리 부부가 대학생 커플 같다는 말을 종종 한다. 우리는 여전히 함께 시간을 보내는 기쁨과 아찔한 행복감을 느끼고 있다. 매일 저녁에 퇴근하여 집에 돌아올 때 아내와 아이들을 보면 저절로 기분이 좋아진다. 아내와 나는 지금도 일주일에 한 번씩은 데이트를 나간다. 때로는 두세 번도 나간다. 내가 이 세상에서 아내보다 더 같이 있고 싶은 사람은 없다.

사랑이 넘치는 결혼식

우리가 처음 교제를 시작했을 때 나는 그녀와의 만남이 단지 재미를 위한 것도, 내가 그녀를 좋아하는지 혹은 우리가 서로 잘 맞는지 실험해보기 위한 수단도 아니며, 결혼을 전제로 하는 진지한 교제라는 확고한 생각을 갖고 있었다. 나는 그녀와 본격적으로 교제하기 전에 2개월 동안 기도했었다. 우리 결혼식의 주례를 맡았던 목사님은 자신이 그때까지 참석했던 결혼식들 가운데 신랑과 신부가 서로를 가장 흠모하는 예식이 될 거라고 말했다. 당시의 몇몇 순간들이 마치 어제처럼 생생하게 기억난다. 예배당 뒷문이 열리고 아름다운 드레스를 입고 장인어른과 함께 서 있는 아내를 처음으로 숨죽이고 바라보았던 게 가장 먼저 기억난다. 그녀의 아름다움에 내 심장은 터질 것 같았다.

한순간이 특별히 인상적이었다. 아내와 내가 서로 결혼 서약을 할 때였다. 나는 결혼식이 있기 몇 주일 전에 결혼 서약서를 작성해놓았다. 나는 호주머니에서 준비한 서약서를 꺼내 아내를 향한 내 마음을 표현했다. 다음은 아내의 차례였다. 그녀는 이 순간에 무엇이라 말할지 몇 주 전부터 심지어 결혼식 며칠 전까지도 고심했다. 나는 아내가 서약서를 꺼낼 수 있도록 잡았던 손을 놓아주었다. 그러나 아내는 자기 두 손으로 내 두 손을 꼭 잡고, 내 두 눈을 응시하고는 정말 놀랍게도 순전히 기억력과 마음으로 서약을 전하기 시작했다. 끝까지 잘 해낼 수 있을지 걱정스러웠지만 아내는 나보다 훨씬 더 잘 해냈다.

아내는 내가 그 전해에 혼자 일본으로 선교여행을 떠나 있을 때(원래는 같이 갈 예정이었지만 경비를 마련하지 못해 나 혼자 갔었다), 아름다운 결혼식과 피로연을 준비해놓았다. 아름다울 뿐 아니라 비용이 많이 들지 않은 결혼식과 피로연이었다. 그러나 아내가 매우 저렴한 비용으로 아름다운 결혼식과 피로연을 준비했다는 사실을 당시 아무도 모르고 있었을 것이다. 피로연은 필라델피아의 역사 유적지인 '벤자민 프랭클린 하우스'에서 열렸다.

아내는 펜실베이니아대학 동문의 유망한 연회업자 한 사람을 찾아 내 하객들에게 고급스럽고 맛있는 식사를 제공했다. 당시 두툼한 1등급 안심스테이크를 대접했는데도 결혼식과 피로연 총비용이 하객 1인당 40달러도 들지 않은 것 같다. 내가 제대로 된 여자를 얻은 게 분명했다.

피로연은 양가 부모님께 경의를 표하고, 그 분들이 자신들의 친구들과 나누고 싶어 하는 기쁨을 부각시키는 데 집중되었다. 부모님의 친구들 가운데는 우리가 잘 모르는 어른들도 있었다. 포도주를 많이 마신 우리 아버지의 대학 동창이 피로연의 흥에 다소 과하게 취했던지,

아내가 싱글 친구들에게 던진 부케를 잡으려고 뛰어든 순간도 있었지만 다행히 아내의 친구 중 한 사람이 그 아저씨를 성공적으로 밀어내고 부케를 낚아챌 수 있었다.

하객들과의 피로연이 끝난 뒤, 우리는 친구들과 특별한 시간을 가졌다. 늦은 밤까지 계속된 나눔과 기도의 시간이었다. 나는 그 시간에 아내에게 줄 선물을 미리 준비했다. 아내에게 주려고 지은 〈그대에게 은혜를 속삭이는〉이라는 제목의 노래였다. 아가서 구절을 인용하여 만든 이 노래에는 그녀와 내가 나누는 사랑뿐만 아니라 주님께서 우리를 부르신 일도 표현되었다.

*

그대에게 은혜를 속삭이는

1절
이것은 노래, 내 사랑스런 이를 위한 노래
그대에게 은혜를 속삭이는 멜로디
예수님 내게 영원한 선물 하나
예수님 초상화 한 점 주셨으니
그대 안에서 예수님 모습을 보네!

(후렴)
이제 우리 하나이니 푸른 풀밭으로 가자

하나님의 평화를 가져다가 하나님의 양들을 돌보자
그대 내 누이, 신부, 비둘기!
나는 하나님 사랑의 깃발을 들고 그대를 지키는 자!

2절

태양처럼 눈부신 순결함으로
동틀 무렵 솟는 달처럼 티 없는 순결함으로
그대 내 마음을 어찌 이리 빼앗았는가
풍성한 샘에서 흘러넘치는 시내처럼 생기를 북돋아주고
그대 심장에 사랑의 도장을 찍는구나!

3절

동산으로 오라! 가장 달콤한 열매를 먹어라
예수님 너를 위해 목숨 내려놓았던 것처럼
나 또한 너를 위해 목숨 내놓으리니
우리 이렇게 사랑함은
예수님 먼저 우리를 사랑하셨기 때문이라
오늘은 우리 마음의 기쁨의 날이구나
우리 이렇게 사랑함은
예수님 먼저 우리를 사랑하셨기 때문이라
오늘은 우리 마음의 기쁨의 날이구나!
오늘은 우리 마음의 기쁨의 날이구나!

내가 지켜야 할
은혜의 터전

신학교의 젊은 학장

나는 가족이 우선이다. 사역보다, 내 이력보다, 그 무엇보다, 하나님을 제외한 모든 것보다 내 가족이 먼저다. 당신의 경우는 어떤가? 내 경우 다섯 아이들을 키우면서 선교 사역을 하는 것은 도전이자 축복이었다. 특히 아이들이 어릴 때는 더 그랬다. 우리 집 아이들은 연이어 태어났기 때문에 나이를 기억하기가 쉽다. 현재 아이들은 6세, 8세, 10세, 12세, 14세 모두 짝수 나이다.

아이들이 0세(첫돌이 안 된 나이), 2세, 4세, 6세, 8세였을 때 우리는 잠시 앉아 있을 틈도 없이 바쁘게 아이들을 돌봤다. 아내는 갓난아기에게 모유를 먹이고, 아장아장 걷는 아이의 기저귀를 갈고, 좀 더 큰 아이의 코를 닦아주고, 더 큰 두 아이를 재우면서 용케 하루하루를 잘 견뎌나갔다.

나는 아내와 아이들을 위해 집에 있는 것을 우선순위로 삼지 않을 수 없었다. 그렇게 많은 아이들을 낳아놓고 어찌 나 몰라라 할 수 있겠는가. 아내에게 휴식을 주기 위해 일주일에 하루는 집에서 일하기 시작했고, 일주일 내내는 아니더라도 최대한 집에서 저녁을 먹으려고 노력했다. 아이들을 돌보는 아내, 값을 매길 수 없는 내 귀한 진주인 아내를 돕는 게 정말 행복했다. 내 솔직한 고백이다. 그러나 공적으로는 내가 신학교 학장의 자리를 늘 지킨 게 아니고, 모든 행사에 빠짐없이 참석한 것도 아니고 여느 신학교의 전형적인 일본인 학장들과 달랐기 때문에 우리 선교 팀과 우리 신학교의 일본인 직원들은 그런 내게 익숙해져야 했다.

사실 내가 전형적인 일본인 학장들과 다르다는 사실을 간파하는 데는 오랜 시간이 걸리지 않는다. 그냥 나를 한번 보면 된다. 내가 그리스도성경신학교를 처음 열었을 때 내 나이가 서른셋이었다. 다른 신학교의 일본인 학장들과 비교했을 때 그들 나이의 절반도 되지 않는 나이였다. 또한 나는 일본인도 아니었고, 더군다나 내게는 다섯 명의 어린 자녀들이 있었다. 내가 여느 신학교의 다른 모든 일본인 학장들과 똑같이 행동하려고 노력한다 해도, 내 주변 사람들이 나를 일본인 학장들과 똑같이 보아줄 리가 만무했다. 그래서 나는 가족들을 사역의 제단에 희생시키지 않겠다는 내 다짐을 그들이 받아들이지 못한다 해도 어쩔 수 없다는 태도를 가졌다.

육아 실력이 제대로 나오는 날이면 다섯 아이들을 혼자 힘으로 재우기도 한다. 늘 애쓰는 아내를 위해, 아이들의 아빠로서도 당연한 일이다. 나는 아이들을 잠자리에 눕힐 때마다 기도하고, 민수기 6장에 나오는 축복기도를 노래함으로 기도를 끝마친다(민 6:24-26 참조).

주께서 네게 복을 주시고 너를 지키시길
주께서 그의 얼굴을 네게 비추시기를
그리고 평화, 평화, 영원한 평화를 주시기를
주께서 네게 은혜를 베푸시기를
주께서 그의 얼굴을 네게 비추시기를
그리고 평화, 평화, 영원한 평화를 주시기를
그리고 평화, 평화, 영원한 평화를 주시기를

'바룩의 축도' 혹은 '랍비의 축도'라고 불리는 이 축복기도를 잠자리에 드는 자녀들에게 해주는 게 우리 오 씨 집안의 전통이다. 나는 우리의 첫 아이 한나가 엄마의 배 속에 있을 때부터 지금까지 이 노래를 불러주고 있다. 또한 나는 이 축도를 일본어로 번역하여 주일예배가 끝날 때 종종 부르곤 한다. 그러다보면 어느 주일에는 이 축복의 노래를 한 번은 주일예배에서, 다섯 번은 우리 집 다섯 아이들을 위해 여섯 번이나 부르게 되기도 한다.

아침의 축복기도

한나가 엄마 배 속에 있을 때부터 지금까지 15년이 넘는 세월 동안

이 축복기도를 1만 번 이상 해준 것 같다. 5,6년 전 장인어른과 장모님에게 일본에 와서 얼마 동안 우리와 함께 지내주시길 요청드렸을 때, 두 분 모두 은퇴 이후의 나름 계획이 있었기 때문에 난색을 표하셨다. 그럼에도 나는 선교와 손주들을 위해 일본에 와주시길 간곡히 부탁드렸다. 나는 은퇴한 이후가 아니라 바로 지금 이때가 손주들에게 두 분이 가장 필요한 시기라고 설명했다. 몇 년 뒤에 그 아이들이 십대 중반에서 이십대가 되어서 갑자기 할머니, 할아버지와 같이 살게 되면 서로가 어려운 점이 있을 수 있기 때문이다.

사실 두 분이 그렇게 결정하시기에 그 분들의 깊은 신앙심과 큰 자기 낮춤이 요구된다는 것을 모르는 바 아니었다. 하지만 그 점이 바로 내가 그 분들을 존경하는 또 하나의 이유이기도 하다. 마침내 두 분은 기도해보시고 일본으로 건너와 일 년 동안 우리와 함께 살기로 결정하셨다. 장모님은 간호사를 퇴직하고 장인어른과 함께 일본으로 건너오셨다. 늦은 감이 없지 않았지만 그때라도 그렇게 하는 게 서로에게 무척 좋은 일이라는 생각을 했다.

두 분과 함께 보낸 일 년 남짓한 시간들이 놀라웠다. 두 분은 일본식 돗자리인 다다미가 깔린 우리 집의 작은 방에서 지내셨다. 아홉 식구가 화장실 두 개와 목욕탕 하나를 나누어 쓰는 것은 정말 만만치 않은 일이었다. 그러나 우리는 즐겁게 잘 살아갔다. 그리고 두 분과 함께 생활하는 게 정말 좋았다. 아이들은 외할아버지와 외할머니와 함께 사는 것을 무척 좋아했다.

그렇게 어른 네 사람이 아이들 다섯 명에게 주의를 기울이는 것은 즐거운 일일뿐 아니라 아이들을 영적으로 보살피는 데도 대단히 중요한 몫을 했다. 그리고 특히 내가 이런저런 모임에서 연설을 하거나 세계 여러 나라에서 회의를 하기 위해 집을 비워야 할 때 두 분은 아내에게 크나큰 축복이 되었다.

또한 장모님은 우리 선교 팀 전체의 둘도 없는 엄마가 되어주셨다. 우리는 매달 한 번씩 선교 팀 전원을 우리 집에 초대하여 저녁을 대접했다. 어떨 때는 선교 팀원들의 아이들까지 포함하여 30~35명에 달하기도 했다. 그들은 장모님이 요리한 한국 음식을 특히 좋아했고, 장모님과 장인어른을 편안해했다. 특히 아이들과 아내와 나를 위한 두 분의 아침기도는 정말 말할 수 없는 축복이었다. 여기 일본에서 많은 열매가 맺히게 해달라는 두 분의 기도에 하나님께서 지금도 여전히 응답하고 계시다고 믿어 의심하지 않는다.

아버지라는 이름

우리에게 첫 아이가 생겼을 때 내 일부가 죽어야 했다. 그건 바로 '이기심'이었다. 나는 아빠가 되었을 때 내 이기심에 대해 죽어야 했다. 아내에게 독점적으로 사랑받을 수 있을 거라는 기대와 게으름을 피울 수 있는 내 선택권에 대해서도 죽어야 했다. 마치 옛 친구의 장례식을 치르는 것과 같았다. 매일 밤 아이들이 잠자리에 들 때 아이들과 아내를 사랑하고자 하는 의지를 발동시켜 아이들을 재우는 책임을 나 스스로 떠맡는 게 바로 내 이기심과 게으름에 대해 죽는 것이다.

하지만 한편으로 아이들과 나는 우리의 추억을 함께 만들어갔다. 그리스도성경신학교 건물을 무려 1,900만 달러나 할인된 가격에 구입한 것이나 선교 사역을 통해 숱한 죄인들을 구원으로 인도한 것이나 심지어 주차 공간을 위한 기도에 응답해주신 하나님의 은혜와 능력에 관한 귀한 추억들을 나날이 함께 만들어가고 있는 것이다.

우리 가족은 그런 순간들을 강조한다. 우리에게 필요한 것들을 공급해주시는 하나님과 크고 작은 방법으로 영광을 드러내시는 하나님을 볼 때 나는 아이들에게 질문한다.

"헤이, 오 씨 식구들! 어떻게 생각해?"

그러면 아이들이 대답한다.

"하나님은 정말로 놀라우신 분이세요!"

엄마의 일기

아내와 나는 우리 집 아이들을 가장 중요하게 여긴다. 그것을 하는 한 가지 방법은 일기를 써서 아이들에게 영적 유산을 물려주는 것이다. 일기를 쓰는 일은 그리스도인의 삶에 매우 중요한 영적 훈련이다. 하지만 슬프게도 너무 많은 그리스도인들이 이런 훈련을 잘 하지 않는다. 이 훈련의 목표는 하나님께서 하나님의 백성들의 삶을 성결하게 하기 위해 모든 환경 안에서 그리고 모든 환경을 통해 일하신다는 것을 깨닫게 하기 위함이다. 우리의 삶에 늘 활동적으로, 사랑으로, 주권적으로 역사하시는 하나님이 느껴지지 않을 때조차도 말이다.

이것은 우리를 성결하게 하시려는 하나님의 역사가 매우 고통스럽기도 하지만 우리의 인생에서 아주 중요하다는 것을 알게 해준다. 또한 하나님은 정말 신실하시다는 확신을 심어준다. 일기를 쓰는 일이야말로 죄악 가득한 이 사회와 세상의 영향으로 깊은 영적 잠에 빠진 우리를 깨워줄 수 있다. 여러 가지 질문을 통해 우리의 영혼을 정직하고 철저히 조사할 수 있는 탁월한 기회이기도 하다. 금식과 기도, 성경 묵상 등을 기록하면서 우리가 다른 영적 훈련 분야에서 얼마나 훈련되어 있고 진척되어 있는지 더듬어 볼 수 있게 도와주는 핵심 도구가 될 수 있다.

또한 영적 훈련들을 실행하기 위해 우리가 설정한 목표에 책임을 지고 계속 나아가게 도움을 줄 수 있다. 우리가 배운 것들을 기록하고, 배운 것들을 통해 우리 삶에서 적용할 점을 적어 실제로 우리의 삶에서 행할 수 있도록 도와준다. 미국의 신학교수이자 영성지도자인 도널드 휘트니(Donald Whitney)에 따르면 이 일은 '영적 유산을 만들고 보존하는 것'이다.

아내는 다섯 아이에 대해 각각의 기록을 갖고 있다. 다섯 아이들에 대한 자신의 생각과 그 아이들을 키우면서 힘들었던 일들, 아이들과 함께 누린 기쁨들, 아이들을 향한 우리 부부의 기도와 소망을 기록했다. 아내는 아이들 각자의 삶과 우리 가족의 삶에서 우리가 체험한 은혜의 순간들을 그 기록에 달콤하게 담아낸다. 이것은 다섯 자녀들을 향한 한 엄마의 마음의 아름다운 표현이다.

아내는 아이들 각자에 관한 자신의 소망과 노력을 기록한다. 아이들을 위한 자신의 기도도 기록한다. 이 정직한 기록들은 아이들에게 멋진 추억이 될뿐 아니라 자신과 엄마의 사랑에 대해서 알게 될 때 아이들의 영적 훈련과 성화에 중요한 몫을 담당할 거라고 확신한다.

언젠가 아이들은 엄마가 자신들에 대해 쓴 기록을 영적 유산으로 물려받을 것이다. 그것을 통해 자신들이 무엇을 깊이 성찰해야 하고, 어떤 것을 감사해야 하며, 앞으로 자신들이 힘써야 하는 게 무엇인지 깨닫게 될 것이다.

부모님께 드리는 영원한 선물
"네 부모를 공경하라."

사람들은 때로 이 말을, 자신들이 왜 선교사가 되지 않았는지에 관한 이유로 제시한다. 이상하다. 나로서는 선교사가 되는 방법보다 부모님을 더 잘 공경하는 법을 알 수가 없기 때문이다. 내가 선교사가 되는 것을 부모님이 받아들이기가 쉽지 않았다는 걸 적어도 처음에는 그랬다는 것을 나는 잘 알고 있다. 나는 부모님의 친구들이 자식 자랑을 늘어놓는 것을 종종 들었다.

"우리 아들이 벤츠 자동차를 사줬다네."

"우리 딸아이가 환상적인 알래스카 관광을 보내줬어요."

"괜찮다고 하는데도 우리 아들이 은퇴 후에는 좋은 집에 살아야 한다고 자꾸 고집을 부리면서 큰 집을 사주지 뭐예요."

아마 그들은 부모님을 바라보면서 질문했을 것이다.

"당신 아들은 뭐해요?"

"일본 선교사에요."

그때 우리 부모님의 심정이 어땠을까? 당혹스러운 순간들이 분명 있었을 것이다. 그러나 나는 부모님께 감사드린다. 그 분들이 나와 내 선교 사역을 자랑스럽게 여기고 있다는 것을 잘 알고 있기 때문이다. 또한 나는 부모님이 선교사 아들 내외를 위해 그간에 감수한 모든 당혹스러운 순간들과 희생들을, 단 하나의 작은 항목조차도 빠트리지 않고 보고 계시다는 것을 잘 알고 있다. 내가 선교사로 사역하고 있는 한 부모님은 산더미 같은 보화를 그 분들의 상급으로 모으시고 있다. 내가 그 분들에게 그보다 더 좋은 것들을 어찌 줄 수 있겠는가. 그렇다. 나는 그 분들에게 멋진 자동차나 별장을 사드릴 수는 없다. 하지만 더 많은 것들을 드릴 수 있다.

이 책의 앞부분에서 내가 얼마나 못된 손자였는지, 어머니에게 얼마나 못된 아들이었는지 썼다. 하지만 하나님께서 외할아버지를 그리스도께 인도하기 위해 생애 마지막 몇 시간에 모든 손주들 중에서 가장 작은 나를 사용하신 것에 감사드리고 있다. 그 선물은 어머니가 나를 향한 사랑으로 행한 모든 것들에 대한 보답으로 어머니께 드릴 수 있었던 또 하나의 영원한 선물이었다.

아빠와 딸이 만들어내는 화음

지금 나는 열네 살짜리 맏딸과 열두 살짜리 둘째딸과 함께 한국에

와 있다. 글도 쓰고 부녀지간의 귀한 시간도 가질 겸 나흘 여정으로 서울에 왔다. 한국이 일본에 가까이 있다는 게 우리에겐 큰 축복이다. 우리는 정기적으로 한국을 방문함으로써 지리적 이점을 최대한 이용하려고 한다.

두 아이와 함께하는 이번 여행은 특별하다. 오래전 큰딸과 처음했던 데이트가 선명하게 기억난다. 한나가 두 살 때였다. 나는 데이트의 격식을 갖추기 위해 일부러 밖으로 나가 현관문을 두드렸고, 한나에게 정중하게 데이트 신청을 했다. 그러고는 한나와 함께 아이스크림 가게에 갔다. 딸아이는 그때 아빠와 시간을 보내는 게 얼마나 특별한지 처음 맛보았다. 아내는 한나를 낳기까지 많은 어려움을 겪었다. 그러나 다행히 친구 부부도 비슷한 시기에 임신을 해서 아내는 힘든 상황에서도 임신 기간 동안 특별한 축복을 누렸다.

출산일이 가까워오던 어느 날, 그 부부의 남편에게서 전화가 왔다. 딸을 낳았는데 문제가 있다는 것이다. 딸 오스틴이 엄마 배 속에서 나오느라 너무 고생한 탓에 산소결핍으로 심각한 뇌손상을 입었고, 며칠 살지 못할 거라고 담당 의사가 말했다고 한다. 그런데 의사들이 예상한 날짜를 지나서도 살아남아 아이를 집으로 데려올 수 있었다고 한다. 그러나 아이는 아무것도 빨지를 못했고 의사들도 어떻게 손 써볼 방법이 없어 죽을 날을 기다리면서 집으로 데리고 온 것이다. 친구 부부에게나 우리에게나 극심한 고통의 시기였다.

그러던 어느 날, 한나가 태어났다. 당시 친구 부부의 아내는 임신 기간 동안 체중이 많이 늘어나 태아가 3.83킬로그램으로 커졌고, 결국 그것이 그 아이가 죽게 된 결정적 이유가 되었다고 생각하여 심각한 죄책감에 빠져 있었다. 이상하게 들릴지 모르겠지만, 한나가 그 아이보다 더 크게 태어났을 때 우리는 정말 기뻤다. 그것이 친구 부부의 무거운 죄책감을 씻어낼 수 있도록 도와줄 수 있을 거라고 생각했기 때문이다.

작은 체구의 아내는 한나를 출산하는 데 두 시간 반 이상이 걸렸다. 사실 장모님이 한나를 아내의 자궁 밖으로 밀어냈다고 말해도 과언이 아니다. 그때 아내의 분만을 맡은 산부인과 의사는 바로 우리 아버지였다. 시아버지와 친정어머니가 첫 손자를 세상에 내보내기 위해 협력한 아름다운 순간이었다.

그러나 매우 걱정스러운 순간이기도 했다. 두 분은 친구 부부의 상황도 잘 알고 있었다. 더욱이 아내가 아기를 자궁 밖으로 밀어내는 데 애를 먹고 있었기 때문에 크게 걱정하고 있었다. 산부인과 전문의인 아버지는 태아를 안전하게 꺼내기 위해 제왕절개시술을 제안하셨다. 그러나 신생아 분만실에서 평생을 근무한 간호사인 장모님이 아내의 배 위에 올라가서 아기를 밖으로 밀어내는 것을 돕기 위해 복부 압박시술을 시행했다. 아내는 날카로운 비명을 질렀고, 모두가 긴장했다. 그리고 마침내 아기가 나왔다.

한나는 3.88킬로그램이었다. 아내 같은 작은 체구의 여자가 그런 큰 아기를 자궁 밖으로 밀어낼 수 있다는 게 정말 놀라웠다. 그것은 아내가 엄마로서 체험한 첫 번째 경이로운 순간이기도 했고, 나로 하여금 아내를 존경하게 만든 순간이었다.

에오윈과 엘리엇과 진주

사실 아내와 나는 임신을 위해 몇 개월씩 노력을 했다. 그런 우리의 노력이 별다른 성과를 보지 못했을 때 아내는 주님 앞에서 자신의 불안한 마음을 토로하기도 했다. 또 모든 것을 주님께 맡기고 임신이 되든지 되지 않든지 자족한 때도 있었다. 그러나 하나님께서는 그때마다 축복하셨고, 또 한 번의 임신을 허락하셨다. 이런 과정이 셋째를 낳을 때까지 거의 비슷하게 반복되었다.

아내가 셋째를 임신했을 때 주님께서 우리에게 아들을 주실지 딸을 주실지 유난히 궁금했다. 솔직히 나는 딸이 더 좋다. 우리 딸들을 사랑한다. 요한 스트라우스의 〈아름답고 푸른 도나우〉를 흥얼거리며 딸들과 춤을 추면서 아이들을 빙글빙글 돌리는 것을 정말 좋아했고, 엄마의 흰색 잠옷 가운을 입은 딸아이들과 결혼식 예행연습을 하는 것도 좋아했다. 나는 딸들과 데이트 나가는 것을 여전히 좋아한다. 나는 지금 이 책을 끝마치기 위해, 그리고 셋째 딸과 넷째 딸과의 귀한 시간을 갖기 위해 이번 달에만 두 번째 한국에 와 있다. 나는 우리 딸들을 사랑한다. 요즘 존경과 사랑의 눈으로 나를 바라보며 점점 커가는 그 아이들을 바라보는 것에 비할 것은 아무것도 없다.

그러나 아내가 셋째를 임신했을 때는 내 발자취를 그대로 따를 수도 있고, 어쩌면 목회자나 선교사가 되어 나와 나란히 사역할 수도 있는 아들이 있으면 얼마나 좋을까 생각했다. 그래서 초음파 검사를 받으러 갔을 때 첫째와 둘째 아이의 경우와는 다르게 관심을 갖고 기다렸다. 그러나 "딸이에요"라는 그 친숙한 말을 세 번째로 듣게 되었다.

그로부터 며칠 뒤에 '반지의 제왕'의 최종판인 〈반지의 제왕3 - 왕의 귀환〉을 보러 극장에 갔다. 그리고 에오윈 공주가 나즈굴이라는 악의 군주를 처치하는 장면을 보고 있을 때 주님께서 내 마음에 분명하게 말씀하셨다.

'내가 여자아이를 통해서는 남자아이를 통해 내 이름을 영광스럽게 높일 수 있는 만큼 높이지 못할 거라고 생각하느냐?'

순간 나는 욥처럼 입을 꾹 다물었고, 그 자리에서 바로 셋째 딸의 이름을 '에오윈'이라고 지었다. 나는 주님께서 그 아이의 인생을 어떻게 들어 쓰실지 정말 궁금하다.

넷째 딸의 이름도 특별하다. 매우 특별한 두 인물의 이름을 따서 지어줄 수 있어서 정말 행복했다. 그 아이의 이름은 '엘리엇'이다. 미국에서 남자 이름으로 통하는 그 이름은 아내와 내게 가장 지대한 영향을 끼친 선교사 짐 엘리엇과 엘리자베스 엘리엇 부부의 이름을 딴 것이다. 특히 에콰도르에서 선교 사역을 하다가 원주민에게 순교를 당한 짐 엘리엇 선교사의 삶과 죽음은 내 선교 소명에 강력한 영향을 끼쳤다.

"잃을 수 없는 것을 얻기 위해 간직할 수 없는 것을 포기하는 사람은 바보가 아니다!"

그의 말을 처음 읽었을 때 내 마음은 송두리째 흔들렸다. 또한 나는 특별한 다른 한 인물, 그 아이의 엄마 이름을 그 아이에게 지어주었다. 펄(Pearl)을 한국어로 번역한 '진주'를 그 아이의 한국 이름으로 지어주었다. 그 아이에게 엄마의 이름을 붙여주기 위한 우회적인 방법, 그들을 위한 찬사, 그들을 이어주는 또 하나의 고리였다.

바로 지난달에 매우 특별한 순간을 누릴 수 있었다. 그리스도인 가수이자 연주자인 필 케이기의 〈Father‐Daughter Harmony〉(아빠와 딸의 화음)라는 노래를 아이들에게 불러주면서 언젠가 아이들 중한 아이와 그 노래를 부를 수 있으면 좋겠다는 생각을 늘 했다. 그런데 바로 얼마 전에 우리의 '마음과 영혼 카페'에서 개최한 '열린 음악의밤' 행사에서 큰딸 한나와 이 노래를 부를 수 있었다(유튜브에 들어가'Father Daughter Harmony'를 검색창에 입력하면 그 동영상을 볼 수 있다).

사과 네 개와 오렌지 한 개

"아들을 보려고 그렇게 많이 낳으신 거예요?"

우리 부부는 이런 질문을 굉장히 많이 받는다. 딸 넷과 막둥이 어린아들 하나를 두었기 때문이다. 내가 대답한다.

"넷째를 가졌을 때도 깜짝 놀랐던 걸요!"

아내와 나는 셋째를 낳은 후, 아이를 가지려고 노력하는 것을 그만두었다. 하지만 아이 갖기를 그만두려는 노력도 하지 않았다. 하나님께서 원하시는 것을 그저 보리라고 마음을 먹었다.

아내가 아이들을 임신했던 때, 나는 매번은 아니지만 한국에 사는할머니를 몇 차례 방문하는 기회를 가졌다. 나는 오 씨 집안의 장손으로서 고조할아버지의 아들(증조할아버지)의 아들(할아버지)의 아들(아버지)의 장남이며 외아들이다. 그러나 할머니는 우리 부부에게 아들을바라는 속마음을 전혀 드러내지 않으셨다.

아내가 셋째를 임신했을 때 내가 할머니에게 말했다.

"할머니, 딸이라네요."

"딸이면 어때."

아내가 넷째를 임신했을 때 내가 할머니에게 말했다.

"할머니, 딸이라네요."

"그래? 잘 됐구나. 딸이 더 좋아."

마침내 아내가 다섯째를 임신했을 때 내가 할머니에게 말했다.

"할머니, 아들이라네요."

"아이구, 할렐루야! 원더풀이구나!"

아들 엠제이(MJ)가 태어난 지 몇 개월이 지났을때 우리는 할머니에게 아이를 보여드리기 위해 한국으로 특별한 여행을 갔다. 할머니는 아이를 보자마자 두 팔에 안아들고는 환한 미소를 지으며 기도해주셨다. 참으로 특별한 순간이었다.

할머니는 그 아이를 보고 나서 몇 개월이 지난 뒤, 주님과 함께 있기 위해 하늘로 가셨다. 나는 그 아이가 아들인지 딸인지 알게 되기 전에 일기에 다음과 같이 적어두었다.

이번에는 아내의 배 속에 있는 아기가 아들이게 해달라고 한순간도 기도하지 않았다. 모든 것들을 하나님께 맡긴다. 주님께서 축복해주시는 대로 기뻐할 것이다. 주님께서 그 아이를 양육하는 특권을 우리 부부와 내게 주신 게 정말 큰 영광으로 느껴진다. 딸도 하나님의 놀라운 축복이요, 아들도 하나님의 놀라운 축복이다. 주여, 뜻대로 하소서!

초음파 검사를 하는 의사가 아내와 내게 "아들이네요!"라고 말했을 때 우리는 어안이 벙벙했다. 우리는 그때까지 그런 말을 한 번도 들어본 적이 없어서 그 말은 우리의 얼굴에 얼음물을 끼얹은 것과 같았다. 아내도 나도 실실 웃기만 했다. 우리는 늙은 나이에 아기를 갖게 될 거라는 말을 듣고 웃는 아브라함과 사라 같았다.

아들을 키우는 재미는 딸들을 키우는 재미와 또 다르다. '흠모하다'라는 단어의 뜻을 이제 좀 알듯하다. 내가 아들을 흠모하는 것과 아들이 나를 흠모하는 것, 이 둘 다가 무엇인지를 나는 잘 알고 있다. 아들이 나를 흠모하는 것처럼 나도 하나님을 흠모하기를 원한다.

나는 딸들과 데이트하는 것처럼 아들과 데이트하지는 않는다. 하지만 우리는 사나이들의 시간을 갖는다. 밤에 아이를 잠자리에 눕힐 때 나는 언제나 똑같이 말한다.

"엠제이, 널 사랑해!"

그러면 아이도 대답한다.

"나도 사랑해. 아빠!"

"너는 내가 제일 좋아하는 사나이야!"

"아빠도 내가 제일 좋아하는 사나이야!"

"잘 자!"(한국말로)

기쁨, 사랑, 하늘, 진주, 선택

나는 요즘 다양한 곳에서 강연이나 연설을 할 때 내 가족들을 다음과 같이 소개한다.

"저는 4녀 1남을 두고 있습니다. 그 아이들은 각각 미국 이름과 한국 이름을 갖고 있습니다. 그리고 제가 '오'라는 제 성(姓)과 관련하여 아주 마음에 드는 점은 그것이 감탄사 '오'(Oh)와 발음이 똑같아 거의 모든 이름이 굉장히 근사하게 들린다는 점입니다.

제 큰딸 한나의 한국 이름은 '오기쁨'입니다. 오, 기쁨!(Oh, Joy!)

둘째 딸 미카엘라의 한국 이름은 '오사랑'입니다. 오, 사랑!(Oh, Love!)

영화 〈반지의 제왕〉에 나오는 공주의 이름을 딴 셋째 딸 에오윈의 한국 이름은 '오하늘'입니다. 오, 하늘!(Oh, Heaven!)

에콰도르에서 순교한 짐 엘리엇 선교사의 이름을 딴 넷째 딸 엘리엇의 한국 이름은 '오진주'입니다. '진주'는 아이 엄마의 '펄'이라는 이름을 한국어로 옮겨 붙여준 것입니다. 오, 진주!(Oh, Pearl!)

제 이름을 따서 이름을 지어준 막내 마이클 오 주니어 혹은 엠제이의 한국 이름은 '오꼬마'입니다. 농담인 줄 알고 계셨겠지만, 사실 그 아이의 한국 이름은 '오선택'입니다. 오, 선택!(Oh, Choice!) 저는 주님의 선택이 언제나 선하다는 것에 늘 감사드리고 있습니다."

고통이 맺은 열매

그날이 올 때까지

2000년 12월, 동네 불량배가 로스앤젤레스에 있는 외삼촌의 상점에 들어와 값도 치르지 않고 물건들을 가져가려고 했다. 그리고 외삼촌이 저항하자 총을 꺼내 머리를 쐈다. 당시 열네 살, 열한 살, 다섯 살이던 사촌 여동생들은 졸지에 아버지를 잃었다. 다음의 글은 외삼촌의 큰딸 선주의 간증이다.

저는 캘리포니아의 업랜드라는 멋진 마을에서 성장했고, 그곳에서 인생의 대부분을 보냈습니다. 저희 부모님은 제가 좋은 교육을 받고 일류 대학에 진학하여 출세하기를 바라면서 이민을 가셨습니다.

저는 부모님께 순종하려고 최선을 다했습니다. 학급에서 일등을 하고, 피아노 경연에서 우승트로피를 타 부모님의 마음을 흡족하게 해드리려고 언제나 노력했습니다. 그런데 정확히 기억나지는 않지만 초등학교 6학년 무렵 부모님께 반항하기 시작했고 저를 위해 온갖 희생을 감수하는 부모님에게 이유 없는 짜증이 느껴지기 시작했습니다.

저는 성장하면서 아버지와 많은 시간을 보냈습니다. 아버지가 저를 학교와 피아노 교습소와 피아노 경연장에 데려다주었기 때문입니다. 그러나 슬프게도 그 많은 시간의 거의 대부분 동안 아버지에게 전혀 말을 걸지 않았고 혹이라도 말을 걸 때면 무엇인가를 불평하기 위해서였습니다. 중학교 1학년 어느 날, 그날도 아버지가 저를 학교 앞까지 태워다주었습니다. 하지만 자동차 안에서 어떤 문제에 대해 아버지와 말다툼을 하고 있던 터라 쌀쌀맞게 자동차 문을 쾅 닫고 학교로 들어섰습니다. 그것이 아버지와의 마지막 대화가 되리라는 것을 당시 저는 전혀 몰랐습니다.

그날 오후 집에 와보니 텅 비어 있었습니다. 흔한 일이 아니었습니다. 엄마와 동생들이 늘 집에 있었기 때문입니다. 엄마에게 전화를 했지만 받지 않았습니다. 몇 시간이 지난 뒤에 엄마의 친구 분이 동생들을 집으로 데리고 오더니 그날 밤은 자기네 집에 가서 자기 딸들과 함께 지내자고 말했습니다. 뭔가 이상하다는 느낌이 들었지만 그 아이들과 어울려 놀 생각에 아무렇지도 않게 지냈습니다. 그로부터 몇 시간이 지난 뒤에도 저는 아버지에게 무슨 일이 일어났는지 전혀 알지 못했습니다. 저는 계속 생각했습니다.

'엄마, 아빠는 어디 간 거지? 얼른 집에 가서 숙제해야 되는데….'

마침내 아버지의 친구 한 분이 제게 곧 아버지를 보러 가게 될 거라고 말했습니다. 그 아저씨는 아버지가 아파서 병원에 있다고 하면서 저를 병원으로 데려갔습니다. 병원에 가보니 아버지는 머리에 붕대를 칭칭 감고 누워계셨고, 그 옆에서 엄마는 하염없이 울고 있었습니다. 아버지는 의식이 없었고, 인공호흡기를 부착하고 있었습니다.

그날 밤, 무척이나 불안한 마음으로 집으로 돌아왔습니다. 아버지의 상태가 감기에 걸린 여느 때와 달리 매우 심각하다는 것을 알고 있었기 때문입니다. 하나님께 기도하는 것 말고는 무엇을 해야 할지 알 수가 없었습니다. 그때 기도했던 게 기억납니다.

"하나님, 아빠가 곧 회복되리라는 것을 알고 있지만 그래도 무서워요. 아빠가 죽을까 봐 무서워요. 하나님, 우리 아빠가 죽게 그냥 내버려 두지 마세요! 아빠를 살려주시면 하나님을 위해 무엇이든지 하겠습니다. 더 착한 딸이 될 거고, 불평하지도 않을 거고, 버릇없이 말대꾸하지도 않을 것입니다. 무엇이든지 다 하겠습니다. 제발 하나님, 아빠를 살려주세요! 예수님의 이름으로 기도합니다. 아멘."

한번도 느껴보지 못했던 절망감이 밀려들었습니다. 아버지에게 가장 좋은 딸이 되어드리지 못했다는 사실을 잘 알고 있었기에 저는 너무나 낙심했습니다. 저는 잘못된 것들을 바로잡고 아버지와 화해할 수 있는 두 번째 기회를 원했습니다. 그러나 좌절하고 말았습니다.

다음날 저녁, 아버지는 돌아가셨습니다. 저는 아버지가 심각한 병이 아니라 총격으로 인한 머리 부상으로 돌아가셨다는 것을 알게 되었습니다. 저는 아버지의 손을 잡고 그 느낌을 언제까지나 간직하리라는 생각으로 오랫동안 아버지의 손을 꼭 붙잡고 있었습니다. 아버지가 없는 제 인생은 상상할 수 없었습니다.

'이게 대체 무슨 일이지? 어떻게 이런 일이 일어날 수 있는 거지? 왜 나인 거지?'

이런 질문들이 마음에서 솟아났지만 어떻게 대답해야 할지 알 수가 없었습니다. 그리고 하나님께서 제 기도를 들어주지 않으셨다는 사실에 크게 실망했습니다.

그날 지난 시간을 돌아보며 기도하고 찬양하는 시간을 갖기 위해 여동생과 사촌들과 함께 동그랗게 모여 앉았습니다. 사촌 오빠 마이클이 찬양을 이끌었고 우리는 한 가족으로서 기도했습니다. 저는 믿는 가정에서 자란지라 제가 그리스도인이라고 언제나 생각하고 있었습니다. 그러나 저를 포근하게 안아주시는 하나님을 그때 처음으로 느낄 수 있었습니다. 저는 하나님의 사랑과 위로와 평화를 느꼈습니다. 제가 하나님에 관해 알고는 있었지만 하나님과 친밀한 관계는 갖고 있지 않았다는 사실을 그때 비로소 깨달았습니다.

가족예배가 끝난 뒤, 제 방에 혼자 앉아 기도하기 위해 무릎을 꿇었습니다. 그리고 그때 처음 제 삶을 하나님께 맡겼고, 제 인생이 제 것이 아니라 오직 하나님을 위해 살아가야 하는 것임을 고백했습니다. 제 인생은 저에 관한 것이 아닙니다. 아메리칸드림을 추구하는 것에 관한 것도 아닙니다. 제 인생은 하나님을 추구하는 것에 관한 것입니다.

그날 밤 저는 십자가에 달리신 예수님을 보았습니다. 하나님께서는 용서하는 것이 무엇을 의미하는지를 가르쳐주셨고, 저는 아버지의 목숨을 앗아간 그 사람을 용서해야 한다는 것을 깨달았습니다. 예수님이 저를 용서해주신 것처럼 그 사람을 진정으로 용서할 수 있게 해달라고 기도했습니다.

저는 아버지와의 관계에서 제가 잘못했던 것들을 바로잡거나 혹은 적어도 아버지에게 작별인사를 할 수 있는 두 번째 기회를 갖지 못한 것에 절망했습니다. 비록 하나님께서는 제게 그런 기회를 주시지 않았지만 제 기도에 응답하시어 두 번째 기회 이상의 것을 주셨습니다.

그 '두 번째 기회'는 예수 그리스도였습니다. 그리고 저는 제 구속자와 구원의 은혜로서 예수님을 굳게 붙잡았을 때, 제 삶을 살아가되 하나님께서 원래 설계하신 그대로 하나님을 힘써 섬기면서 살아갈 기회를 부여받았습니다.

우리 아버지가 정말 보고 싶습니다. 지금 아버지와 함께 살아갈 수만 있다면 더 바랄 게 없을 것 같습니다. 그러나 하나님께서는 제 아버지가 우리가 갈 수 있는 곳보다 훨씬 더 좋은 곳에 있다는 것, 하나님과 함께 있다는 것을 상기시켜주십니다. 저는 장차 하나님과 함께 있게 될 그날만을 고대합니다. 그날이 올 때까지 마음과 뜻과 정성과 힘을 다하여 하나님을 섬기고 사랑하는 데 제 삶을 바칠 것입니다.

12년 늦은 감사 인사

하나님께서는 은혜롭게도 사촌 동생 선주와 그녀의 가족들을 지켜주셨다. 현재 선주와 그녀의 여동생들은 하나님과 가까이에서 걷고 있다. 나는 그들이 자랑스럽고 동시에 하나님께 감사드리고 있다. 그들은 아버지의 죽음으로 인한 고통의 열매의 일부이다. 생의 마지막 순간에 예수님을 영접하신 외할아버지도 그 고통의 열매의 일부라고 생각한다. 당시 외할아버지는 큰아들인 외삼촌의 갑작스런 죽음에 엄청난 충격을 받아 "내 아들은 어디 있냐?"라고 계속 묻고 또 물으셨다. 생각해보면 그 사건으로 인한 고통을 하나님께서 사용하시어 외할아버지의 완고한 마음을 부수고 마침내 생의 마지막 순간에 구원을 받아들이게 하신 게 아닌가 싶다.

2013년, 사촌 동생 선주가 우리 집에 왔다가 쪽지 하나를 남기고 갔다. 그 내용은 놀라웠고 나를 눈물짓게 했다.

마이클 오빠!

지금까지 한 번도 말한 적이 없었던 것 같은데, 오빠는 내가 나를 향하신 하나님의 은혜를 깨닫고 구원을 받아들이는 데 엄청난 역할을 해주었어. 아버지가 돌아가신 날 밤, 우리는 내 방에 동그랗게 모여 앉았고, 오빠가 우리를 이끌어 하나님을 찬양하는 노래 몇 곡을 같이 불렀지. 그때 나는 하나님의 임재와 따스한 포옹과 위로를 처음 느꼈어. 그리고 하나님께서는 나를 정말 많이 사랑하셔서 나를 위해 그리스도를 보내주셨다는 것을 깨달았어. 그런 하나님을 위한 삶을 살기 위해 내가 여기 세상에 있다는 것을 알게 됐어. 그날 밤 나는 그리스도께 내 인생을 맡겼어. 12년이나 늦었지만, 정말 고마워!

내 인생 최악의 날

2005년 4월 그리스도성경신학교가 개교한지 딱 열흘이 지났을 때, 아내와 나는 둘째 딸 미카엘라의 뇌 MRI 검사 결과를 듣기 위해 일본의 한 병원에 갔다. 딸의 몸에서 발견된 바이러스와 그 아이가 일으켰던 발작에 대해서 전혀 걱정할 필요가 없다는 말을 듣고 우리는 감사했다. 하지만 바로 이어 의사가 말했다.

"그런데… 따님은 뇌종양을 앓고 있습니다."

내 인생 최악의 날이었다. 안 그래도 이미 힘든 한 달을 보내고 있던 터였다. 당시 우리는 5년의 기도와 계획 끝에 마침내 결실을 보게 된 그리스도성경신학교 출범을 앞두고 허둥대고 있었다. 우리는 부족한 자금 때문에 신학교 운영에 필요한 직원들을 확보하지 못한 상태였고, 결국 두 선교사 가족들에게 주로 의지할 수밖에 없었다. 그중 한 가족은 우리 가족이었다. 더군다나 우리 두 선교사 가족들은 엄청난 영적, 육체적 공격을 받고 있었다.

신학교 출범이 예정되었던 그달, 또 한 가정의 선교사 자녀들과 우리 집 아이들 모두 장염을 일으키는 로타바이러스에 감염되어 양쪽 집의 여섯 자녀들(당시 우리 집도 아이가 셋이었고, 그 선교사 집에도 아이가 셋이었다)이 계속되는 고열과 구토와 설사에 시달렸다. 아이들은 거의 보름가량을 앓아누웠고, 다 낫는 데 족히 한 달은 넘게 걸렸다. 그렇게 아이들의 건강이 좋지 못했으므로 게리 휘튼(나와 함께 신학교를 이끌어 가기로 예정되어 있던 선교사) 교수와 나는 신학교에 거의 시간을 쏟지 못했다.

아버지로서 최악의 기억은 셋째 딸 에오윈이 계속 칭얼대던 어느 날 밤이었다. 그때 '제발 잠 좀 자자'라고 생각했던 게 기억난다. 아내와 나는 고열에 시달리면서 구토와 설사를 해대는 아이들을 돌보느라 이미 녹초가 되어 있었다. 다행히 고맙게도 아이는 울음을 멈추었고, 나는 다시 잠들 수 있었다.

다음날 아침에 유아용 침대에서 딸을 일으키는데 아이의 몸이 빳빳하게 굳어 있었다. 추운 겨울이었고 겨울철 일본 집들의 실내온도는 바깥 온도만큼이나 추웠다. 그런데 아이가 설사가 잔뜩 묻은 축축한 기저귀를 차고 그 추운 밤을 꼬박 보낸 것이었다.

아이의 몸은 차가웠고 손가락 마디와 입술은 파랗게 변해 있었다. 공황 상태에 빠진 우리는 담요를 죄다 가져다가 아이를 둘둘 말고 급히 병원으로 달려갔다. 그러는 내내 우리는 하나님의 자비를 구했다.

하나님의 은혜로 아이는 저체온증에 걸리긴 했어도 뇌에 손상을 일으킬 수 있는 저혈당증까지는 가지 않았다. 아이는 병원에서 몇 가지 기본적인 치료를 받았고 집으로 돌아왔다. 그 시절 가까운 친구들에게 기도를 요청하면서 기록했던 글을 소개한다.

2005년 3월 3일

미카엘라의 상태가 악화되더니 결국에는 로타바이러스에 감염됐습니다. 안타까운 상황입니다. 악성 축농증에서 이제야 겨우 회복되고 있는 아이가 바이러스 감염에서 오는 발열로 고생을 하다가 잠시 열이 멈추었습니다. 하지만 곧 다시 열이 오르고 더 많은 콧물을 흘리고 기침을 하기 시작할 것입니다. 이런 상황이 거의 한 달 동안 이어질 것 같고, 아이의 구토 증세는 전혀 나아질 것 같지 않습니다. 게다가 아이는 축농증 치료를 위해 삼켜야 하는 항생제를 계속 토해내고 있습니다.

에오윈 역시도 이번 달 내내 비슷한 병을 앓고 있습니다. 구토를 치료하기 위해서는 좌약을 넣어야 하는데 그 약이 설사를 일으키고, 설사를 치료하는 약을 먹여야 하는데 아이가 약을 다 토해내니 또 문제입니다.

본질적으로 이 질병과 바이러스가 우리의 사역 전체를 마비시켰습니다. 게리와 나는 4월 4일부터 진행될 강의를 착실하게 준비해왔는데 그 모든 게 중단되었습니다. 어젯밤에는 두 시간밖에 자지 못해 오늘 낮에 한 시간 정도 눈을 붙였습니다. 하나님의 자비를 계속 구하고 있지만 받고 있다는 느낌은 아직 들지 않습니다. 가족들도 친구들도 없이 타국의 선교 현장에서 보내야 하는 이 시기가 너무 버겁습니다. 우리를 위해 기도해주십시오.

2005년 3월 9일

기도해주세요! 상황이 악화되고 있습니다. 에오윈은 저체온증에 걸렸지만 저혈당증은 피했습니다. 두려웠습니다. 파랗게 변한 손가락으로 덜덜 떨고 있는 아이를 보는 게 두려웠습니다. 미카엘라는 탈수증으로 지금 병원에 있습니다. 아이는 간혹 경련도 일으켰습니다. 어젯밤에는 치료를 받기 위해 애쓰는 것조차 견딜 수 없이 고생스러웠습니다. 적어도 사흘은 입원해야 한다고 합니다. 아이가 말끔히 나을 수 있게 기도해주세요. 그리고 아내가 독감에 걸려 고열 증세가 있습니다. 병원에서 밤을 새며 아이들을 업어주고 안아주느라 허리도 좋지 않습니다. 그녀를 위해 기도해주세요. 지금 악한 자가 우리를 가차 없이 짓밟고 있습니다. 그리스도가 아니면 우리는 소망이 없습니다.

그런 와중에 존 파이퍼의 《삶을 허비하지 말라》(Don't Waste Your Life, 그로부터 8년 뒤에 우리는 이 책을 일본어로 번역했다)에 나오는 인용구 하나가 내게 말할 수 없는 위로와 도전이 되었다.

"하나님의 크심을 기뻐하는 기쁨보다 더 큰 기쁨은 없다. 그리고 만일 우리가 하나님의 크심을 가장 깊이 맛보기 위해 고통을 당해야 한다면 그때의 고통은 자비이다!"

생명의 말씀

그로부터 몇 주 후에 세 명의 학생들을 데리고 그리스도성경신학교를 개교했다. 모든 것들을 제때 준비할 수 있었다는 것은 기적이었다. 세 명에 불과하지만 학생들이 있다는 것도 기적이었다. 우리는 하나님께서 은혜로 우리 앞에 펼쳐주실 것들에 대한 기대로 흥분되어 있었다. 그리고 그리스도성경신학교가 문을 연 지 열흘째 되던 날, 아내와 나는 미카엘라의 뇌 MRI 결과를 듣기 위해 병원으로 간 것이었다.

담당 주치의가 아이의 종양에 대해 설명하면서 신경외과 전문의와의 면담을 예약해주었을 때 내가 이해할 수 있던 유일한 말이라고는 그가 옆에 있던 의사에게 아이의 MRI 사진을 가리키면서 일본말로 건넨 "오키데스네!"라는 말뿐이었다. "크지, 그렇지?"라는 뜻이었다.

아내와 나는 어안이 벙벙하여 병원을 나왔다. 그때 에오윈을 두 팔로 안고 자꾸 꺾이는 무릎에 힘을 주기 위해 안간힘을 썼던 게 기억난다. 나는 꺾이는 무릎에 어떻게든 힘을 주며 그 자리에 주저앉지는 않았지만 내 딸에게 무슨 일이 일어났는지를 친구들에게 전화로 전하면서 정서적으로 무너지고 말았다.

병원에서 돌아와 신학교에 긴급모임을 소집했고, 앞으로 우리의 거취가 어떻게 될지 모르겠노라고 직원들과 학생들에게 말했다. 일본에 단 일주일이라도 더 머물게 될지 알 수 없는 상황이었다. 아무것도 알 수 없는 상황이었다. 꿈의 그리스도성경신학교를 이루기 위한 5년 동안의 준비가 갑자기 붕괴될 위험에 처해 있었다.

그로부터 며칠 뒤, 나는 일기에 다음과 같이 기록했다.

오늘 아침에 신명기 말씀을 읽고 묵상했다. 그 말씀을 읽고 나니 우리의 생명인 주님의 말씀에 순종하면서 미카엘라를 키우는 특권을 주님께서 우리에게 주실 거라는 소망을 얻을 수 있었다. 그리고 우리가 여기 바다 건너 일본 땅에서 그리스도의 나라가 영광스럽게 건설될 때까지 주님을 섬기는 특권도 갖게 될 거라는 소망도 가질 수 있었다.

모세가 이 모든 말씀을 온 이스라엘에게 말하기를 마치고 그들에게 이르되 내가 오늘 너희에게 증언한 모든 말을 너희의 마음에 두고 너희의

자녀에게 명령하여 이 율법의 모든 말씀을 지켜 행하게 하라 이는 너희
에게 헛된 일이 아니라 너희의 생명이니 이 일로 말미암아 너희가 요단
을 건너가 차지할 그 땅에서 너희의 날이 장구하리라 신 32:45-47

나는 신학교에 나가기를 그만두고 아이들을 돌보고 아내를 돕기
위해 집에 머물렀다. 그리고 주님께서는 하루하루를 견딜 수 있는 충
분한 은혜와 힘을 허락해주셨다. 난 밤마다 눈물을 흘리면서 기도했
고, 또 기도하면서 눈물을 흘렸다. 최악의 순간은 한밤중이나 이른 새
벽에 불현듯 잠에서 깨어나 '이것이 꿈이 아니구나!' 하는 것을 깨달을
때였다.

하지만 벚꽃이 만개하는 봄철인지라 우리는 아이들을 데리고 밖에
나가 봄기운을 만끽하기로 했다. 미카엘라와 얼마나 더 많은 시간을
함께할 수 있을지 장담할 수 없었고, 그 아이가 암인지 아닌지, 살 수
있을지 없을지 알 수 없는 상황이었지만 주님께서 주시는 귀한 하루하
루를 기쁘게 누리리라 결심했기 때문이다.

어느 날 도시락을 준비하여 근처의 공원으로 나갔다. 벚꽃이 흐드
러지게 피어 있었고, 작은 꽃잎들이 눈송이처럼 흩날리며 떨어지고 있
었다. 큰딸 한나와 둘째 딸 미카엘라는 나란히 손을 잡고 공원을 뛰어
다녔다. 그 모습을 보면서 생각했다.

'한나가 미카엘라를 가장 보고 싶어할 거야!'

그리고 셋째 딸 에오윈을 보면서 생각했다.

'이 아이는 제 언니 미카엘라를 기억도 못하겠지.'

그렇게 힘든 시절이기도 했지만 달콤한 시절이기도 했다. 그 시절보다 더 순수한 마음으로 하나님께 예배를 드리며, 하나님께 예배드리는 시간을 그때보다 더 귀하게 여긴 적은 없을 것이다. 내 눈물의 짠 소금기와 주님의 임재의 달콤함 둘 다를 동시에 맛보던 시기였다.

하나님의 은혜로 악성종양은 아니었다. 언젠가 수술을 받아야 할지도 모른다는 가능성은 늘 열려 있지만 현재까지 아이는 수술을 받지 않고 잘 지내고 있다. 우리는 정기적인 검사를 통해 아이의 상태를 계속 주시하고 있다. 그 검사는 종양의 크기를 관찰하는 것이다. 하나님의 은혜로 종양은 두뇌의 세 가지 위험한 부위들을 살짝 피해서 그 사이에 위치하고 있다. 종양이 앞쪽으로 자라면 시신경을 손상시켜 실명을 유발할 수 있고, 뇌하수체 쪽으로 자라면 거액의 치료비가 들어가는 호르몬 대체 요법을 시행해야 하며, 뇌 조직 안으로 파고들면 치명적이다.

그러나 하나님의 섭리로 종양은 지금 위험한 부위들 사이에 놓여 있고, 아이의 몸에 실질적으로 아무런 해도 끼치지 않고 있다. 그리고 그 종양이 결코 자라지 않을 거라는 가능성이 해마다 높아지고 있다.

아빠, 우리는 가난해?

20
CHAPTER

협상의 왕

"마이클이 다른 길로 갔다면 돈을 엄청 벌었을 텐데…."

아버지가 몇 번 아쉬워한 적이 있다. 내가 놀라운 거래의 기회를 또 얻어내거나 성사시킬 수 있었다는 말을 들은 뒤엔 더 그러셨다. 나는 언제나 돈과 사이가 좋았다. 어릴 적에 오락실에서 친구와 에어 하키 게임을 해서 이긴 뒤에 바닥에서 20달러 지폐 한 장을 주웠던 게 기억난다. 사실 어린 시절에 돈을 주웠던 적이 꽤 많다.

부모님은 누나와 내게 은행 계좌를 개설해주셨다. 누나의 통장엔 몇 백 달러가 전부였지만 나는 용케도 거의 1,000달러를 모아두었다. 고등학교 때 내 목표는 서른 살 즈음에 1백만 달러(한화 약 10억 원)를 모으는 것이었다. 사역의 길로 들어서지 않았다면 그 목표를 분명히 이룰 수 있었을 것이다. 하지만 하나님께서는 내 인생을 위한 다른 목표를 갖고 계셨다. 내게는 힘써 얻어야 할 다른 보화가 있었다.

대학시절, 우리 기독학생회에서 해마다 연말이면 이런저런 명목으로 회원들에게 상을 주곤 했는데, 그때 아내는 '쿠폰여왕 상'을, 나는 '쿠폰왕 상'을 받았다. 아내와 나는 언제나 최상의 거래를 했다. 기독 동아리 친구들과 학교 밖으로 나갈 때면 우리는 호주머니에서 20장에서 30장의 쿠폰을 꺼냈고, 몇 달러짜리 핫도그를 단돈 5센트에 사먹을 수 있었다.

또한 나는 가족들과 친구들이 최상의 조건으로 자동차를 구입할 수 있도록 여러 번 도움을 주었다. 사실 나는 협상하는 것을 싫어한다. 하지만 돈을 낭비하는 것은 더 싫다. 자동차 영업사원과 거래 조건을 협상하고 나서 다음 날 영업소를 방문하면 영업소 소장이 그런 가격에는 도저히 판매할 수 없다고 말하곤 했다. 그러나 나는 언제나 설득하여 거래를 성사시켰다.

9년 전에 우리는 지금도 타고 다니는 소형승합차를 구입했다. 당시 판매를 맡았던 자동차 판매상은 자기가 영업을 시작한 이래 그렇게 크게 할인된 가격에 차를 팔아본 적이 없었다고 볼멘소리를 늘어놓았다. 내가 그렇게 야무지게 자동차 가격을 깎았던지라 자동차 매매 계약서에는 자동차 가격이 기재되어 있지 않았다. 자동차 판매상은 본사에서 그렇게 낮은 가격에 자동차를 내주지 않을 테고 따라서 자기들이 몇 가지 문제를 해결해야 할 거라고 말하면서도 "제발 저희를 믿고 사인해주세요!"라고 했다.

하버드의 힘이 아닌 하나님의 능력

재미있는 일화가 있다. 우리 가족이 일본에 온 첫 해인 2004년에 있었던 일이다. 우리 가족이 일본에 와서 처음으로 구입한 자동차는 아주 낡은 중고 '스테이션 왜건'(뒷좌석에 화물칸이 있는 승용차 트럭)이었다. 당시 우리는 그 차를 500달러(한화 약 50만 원)에 구입했다.

이 차를 일 년 정도 몰고 다니자 자동차 검사를 받을 시점이 되었다. 일본에서는 해마다 자동차 검사를 받아야 하는 미국에서와 달리 2년마다 자동차 검사를 받아야 한다. 하지만 일본에서는 자동차를 검사받는 데 800달러에서 1,200달러(한화로 약 120만 원)나 되는 비용이 든다.

따라서 나는 자동차 값의 거의 두 배에 달하는 돈을 검사 비용으로 지출하기에 앞서 그 낡은 자동차에서 2년이라는 시간을 더 짜낼 수 있는지 알고 싶어졌다. 단골 카센터 사장에게 전화를 걸었다. 그 자동차를 2년 더 탈 수 있겠냐고 물었다. 그러자 그가 대답했다.

"에이, 그건 하나님도 모르죠."

"아뇨, 하나님은 아세요!"

내가 그에게 말했다. 그가 잠시 침묵하더니 말했다.

"부처님도 몰라요."

그래서 내가 그에게 말했다.

"그건 당신 말이 맞아요!"

또한 나는 친구들과 가족들을 위해 30~40대의 컴퓨터를 대신 사주었고, 한 푼도 들이지 않고 완전히 다른 신형 컴퓨터로 업그레이드시켜준 게 한두 번이 아니었다. 그리고 마침내는 우리 집까지도 살 수 있었다. 아내와 나는 우리가 선교사로 사는 한 우리 집을 갖지 못하리라는 것을 늘 당연히 여겼고, 그런 형편에 만족하고 있었다.

그러던 어느 날, 우리가 세 들어 살고 있는 집주인이 자기 집을 살 마음이 없냐고 물어왔다. 나는 그에게 대답했다.

"물론 원하지만 아마 불가능할 겁니다."

일본에서는 외국인이 주택융자를 받기가 하늘의 별 따기보다 어렵다. 특히 선교사의 사례금으로는 어림도 없다. 그러나 당시 일본의 부동산 시장이 침체되었고 집주인이 다른 지역에 훨씬 더 좋은 집을 얻게 되어서 집을 팔려고 내놓았다. 우리는 미국의 세법을 일본의 은행 측에 몇 시간 동안 설명하고 협상한 끝에 마침내 그 집의 매입을 위한 주택융자를 받을 수 있었다. 우리가 매달 내던 월세보다 100달러만 더 내면 되는 대단히 좋은 조건이었다.

남의 집에 세 들어 살 때는 자유롭게 할 수 없던 것들(예를 들어 벽에 페인트를 칠한다거나 못을 박고 액자를 거는 것 등)을 집을 매입하자마자 시작했다. 그것은 아내에게는 더 없는 축복이 되었다. 집을 단장하고 나니 일본이 정말로 제2의 고향처럼 느껴졌다.

우리가 주택융자 계약서와 주택매매 계약서에 서명할 집주인은 우리가 주택융자를 절대 따내지 못할 거라고 생각했다고 했다. 그러면서 이렇게 덧붙였다.

"하버드의 위력이네요."

그는 내 학력에 은행 사람들의 마음이 흔들렸다고 생각했다. 나는 이렇게 대답했다.

"아뇨, 하버드의 위력이 아니라 하나님의 능력입니다!"

아빠, 우리는 부자야?

그러나 주님께서 지금까지 나를 축복하신 모든 거래 중에 가장 큰 거래는 무려 1,900만 달러나 할인된 가격에 신학교 건물을 매입한 것이다. 그것은 내가 그때까지 성사시킨 모든 거래의 으뜸이었다. 그러나 내가 언제나 최상의 거래와 결정을 한 것은 아니다. 나는 나쁜 거래나 결정도 많이 했다. 특히 젊었을 때는 더 그랬다.

내 평생 처음으로 내 차를 가질 기회가 왔을 때 나는 그 차에 너무 매료된 나머지 제값을 다 주고 사기 위해 어머니를 설득하여 돈을 지원받았다. 그것은 내가 한 푼도 깎지 않고 제값에 구입한 마지막 자동차였다.

또한 대학시절에 학급 친구들이 벌인 '벼락부자 사업'에 투자함으로써 그때까지 예금한 돈을 한번에 다 날리기도 했다. 그것은 '피포드'라 불리는 도톰하면서도 귀여운 슬리퍼를 만드는 사업이었다. 당시 선풍적인 인기몰이를 하고 있던 TV 시트콤 〈프렌즈〉(Friends)의 등장인물들이 그 슬리퍼를 신고 나오기로 되어 있었다. 그러나 불행하게도 시트콤 어떤 장면에서도 슬리퍼는 보이지 않았다. 여러 방법을 다 써보았지만 결국 파산했고, 우리는 투자한 돈을 고스란히 날렸다.

기회를 날린 적도 있었다. 트리니티신학교에 다니던 시절 애플(스티

브 잡스가 창립한 컴퓨터 회사) 주식에 850달러를 투자했다. 평소 애플의 제품들을 좋아했던 터라 갖고 있던 얼마 안 되는 예금액의 일부로 주식 50주(株)를 매입했다. 아마 그것을 지금도 갖고 있었다면 10만 달러(한화 약 1억 원) 이상의 가치가 나갈 것이다. 그리고 만일 대학시절에 벼락부자 사업에 투자하는 대신 애플 주식에 투자했다면 지금 그 가치가 235만 달러(한화 약 23억5천만 원)에 이를 것이다.

하지만 나는 당시 애플의 주가가 약간 상승세를 탔을 때 모두 팔아치우고 말았다. 250달러(한화 약 25만 원)의 이득에 눈이 어두워서…. 내게 그 이상을 바라지는 말라. 당시 나는 매우 가난한 신학생이었던 것을 기억해야 한다.

어느 날, 한나가 내게 물었다.

"아빠, 우리는 가난해?"

순간 우리 부부는 돈에 대해 아이들과 말해본 적이 거의 없다는 것과 그것이 우리 자신의 훈련을 위해 정말 중요하다는 것을 깨달았다. 우리는 지금 경제적으로 풍요로운 나라인 일본에 살고 있고, 아이들은 우리 부부가 신중하게 돈을 쓰려고 노력하는 모습을 늘 보아왔다. 아내와 나는 아이들이 가족의 경제 상황의 어려운 면들만 보았다는 것을 잘 알고 있다. 흥미롭게도 캄보디아에서 선교사로 사역하는 내 친구는 내가 딸에게 받았던 질문과 정반대의 질문을 자기 딸에게 받았다고 했다.

"아빠, 우리는 부자야?"

저개발국가에서 사역하고 있는 그들은 선교사일지라도 현지 국민들에 비해 부유하다. 그들은 극빈한 사람들 가운데서 살고 있으나 가정부와 요리사를 둘 여유도 있다. 정말 흥미로운 대조이다.

하나님이 맡겨주신 돈

아내와 나는 예수님께서 그러셨던 것처럼 곧 돈에 관해 아이들에게 말하기를 시작했다. 우리 마음을 그대로 비추는 것으로서 돈의 중요성과 다른 사람들을 사랑하고 섬길 수 있는 기회로서의 돈의 중요성에 관해 아이들에게 말했다.

우리 가족은 해마다 추수감사절과 성탄절 사이에 우리가 갖고 있는 돈을 세계 선교를 위해 어떻게 투자할 것인지 서로 나누는 전통을 갖고 있다. 처음에 아내와 나는 하나님께서 선교사의 사례금으로 우리에게 얼마나 많은 돈을 공급해주셨는지를 아이들에게 알려주는 것으로 시작했다.

대부분의 부모들은 가정경제의 세부적인 사정을 자녀들에게 알리기를 무척이나 꺼린다. 그들은 자기들이 실제로 얼마나 적은 돈을 갖고 있는지 혹은 얼마나 많은 돈을 벌고 있는지를 자녀들이 알게 되기를 원하지 않는다. 자신들의 재산 상태를 자녀들에게 알려주어 공연한 걱정을 끼치기를 원하지도 않고, 철없는 아이들을 버릇없이 망가뜨리기를 원하지도 않는다. 그러나 아내와 나는 아이들이 가족의 경제상황을 아는 게 중요하다고 느꼈다. 또한 하나님께서 우리에게 허락하신 돈을 우리가 어떻게 쓰는지 아는 게 중요하다고 느꼈다.

나는 주일마다 아이들에게 약간의 용돈을 준다. 그리고 용돈을 줄 때마다 언제나 똑같이 세 가지를 묻는다.

"엄마, 아빠가 왜 너희들한테 용돈을 주지?"

"우리를 사랑하니까!"

"모든 돈이 어디에서 온 거지?"

"하나님에게서!"

"하나님께서 우리에게 맡겨주신 돈으로 우리는 무엇을 하지?"

"첫 번째는 최소한 10분의 1을 하나님께 돌려드리고, 두 번째는 저축하고, 세 번째는 지혜롭게 써요!"

마찬가지로 우리가 갖고 있는 돈과 관련해서도 아이들이 돈의 가치와 지혜롭게 쓰는 법을 배우기를 원한다. 그래서 우리 부부는 매달 우리가 하나님께 얼마의 돈을 받았는지, 그 돈을 다양한 영역에서 어떻게 쓸 것인지, 선교헌금으로 들어온 돈을 어떻게 쓰기를 원하는지에 대해 아이들에게 말한다.

우리는 세계 각국의 선교사들과 선교단체들을 후원하고 있고, 기독교 기반의 국제 어린이 양육 기구인 '컴패션'에 몇 해 동안 정기적으로 돈을 보내고 있으며 일본의 그리스도인들을 돕고 있다.

베푸는 축복의 일부가 되는 것, 개인으로서가 아니라 우리 일곱 식구가 한 가족으로서 그 축복의 일부가 되는 것은 정말 우리에게 큰 기쁨과 특권이 되었다.

"교회와 선교에 얼만큼을 헌금해야 하나요?"라고 사람들이 물을 때마다 나는 "희생적으로 바치라"라고 대답한다. 당신의 식탁에서 떨어지는 부스러기를 하나님께 드리지 말라! 다시 말해서 남은 찌꺼기들, 당신의 수입 중에서 쓸 것 다 쓰고 남은 돈을 드리지 말라! 다 쓰고 남은 돈을 하나님께 드리는 것은 소파 밑에 깊숙이 손을 넣어 주운 동전 몇 개를 하나님께 드리며 "이거 다 하나님의 것이에요. 이 돈으로 전 세계의 길 잃은 영혼들을 구해주세요"라고 말하는 것과 다르지 않다.

나는 진정으로 하나님을 높이는 '참된 드림'이 어떤 의미에서는 희생의 순간에, 이를테면 당신에게 실질적으로 어떤 손실이 발생될 때 시작된다고 믿는다. 여자친구나 아내와 데이트를 하면서 자기에게 전혀 손실이 되지 않는(돈과 시간과 노력을 전혀 희생하지 않아도 되는) 무엇인가를 그녀에게 주려고 애쓴 적이 있는 남성 독자들은 내 말이 무슨 뜻인지 바로 이해할 수 있을 것이다.

예수님이 아버지께 드린 가장 큰 예물은 십자가 위에서 자신을 희생한 것이었다. 예수님은 땀과 눈물뿐만 아니라 피도 바치셨다. 만약에 주님께서 당신을 사업계나 의료계나 법조계나 여타의 고소득 직종으로 부르셨고, 또 당신을 부유한 나라에 머물러 살라고 부르셨다면, 최선을 다해 돈을 벌되 그리스도의 영광을 전 세계적으로 드높이기 위해 정말 많은 돈을, 세상 사람들 보기에 말도 안 되는 큰돈일지라도 희생적으로 바쳐라! 당신에게 있는 그 돈은 내놓아야 할 당신의 돈이 아니다. 그것은 투자해야 할 하나님의 돈이다.

당신이 전 세계에서 가장 부유한 사람들 중에 하나라는 사실을 알고 있는가? 만일 당신의 월급이 2천 달러(한화 약 200만 원)라면 당신은 세계 상위 10퍼센트의 부자이다. 사실 당신 월급이 200달러(한화 약 20만

원)밖에 되지 않는데도 당신은 세계 상위 15퍼센트의 부자이다. 만일 당신의 월급이 4천 달러(한화 약 400만 원)라면 당신은 세계 상위 1퍼센트의 부자이다(글로벌 리치 리스트 참조, www.globalrichlist.com).

돈에 관한 하나님의 원래 계획

어떤 목회자들은 자신의 교인들이 돈을 매우 귀하게 여긴다고 생각한다. 내 생각은 다르다. 나는 사람들이 오히려 돈을 하찮게 여긴다고 생각한다. 돈은 피와 같다. 돈에는 큰 가치와 축복이 있다. 그러나 돈은 피처럼 흐르게 되어 있다. 생명을 깨끗이 하고, 정결하게 하고, 축복하고, 부요하게 하고, 지탱하기 위해 몸을 통해 흐르게 되어 있다. 이것이 하나님께서 당신을 축복하여 허락해주신 돈에 관한 하나님의 원래 계획이다.

당신은 이중 축복을 받을 수 있는 기회를 갖고 있다. '받는 축복'과 '주는 축복'이다. 그래서 주는 것 안에 들어 있는 하나님의 충만한 축복을 놓친다면 매우 안타까운 일이다. 피의 흐름을 위해, 그리스도의 몸 된 교회 전체에 미치는 축복을 위해, 복음을 전 세계적으로 확산시키기 위해 전 세계에서 힘쓰고 있는 그리스도의 몸 된 교회에 미치는 축복을 위해 희생적으로 후하게 주는 것을 놓치는 것이야말로 정말 안타깝고 애석한 일이다!

최근에 여덟 살 난 딸이 내게 물었다.

"아빠, 돈은 중요한 거야?"

아마 그리스도인 부모들이 대체로 그런 질문에 "아니, 돈은 중요하지 않아!"라고 대답할 것이다. 그러나 아이들은 돈이 중요하다는 것을 잘 알고 있으며, 또 그것이 영원한 가치가 없는 일시적인 것들에 자주 투자되고 있는 것도 보고 있다.

돈은 가치를 갖고 있고, 그 가치는 돈이 영원한 복음의 목적을 위해 쓰일 때 비로소 회복된다. 우리는 복음에 들어 있는 하나님의 약속을 믿을 때 복음을 확산시키기 위해 아낌없이 후하게 돈을 쏟는다. 그러나 하나님의 약속을 믿지 않을 때 이기적으로 쓰거나 벌벌 떨면서 꼭꼭 숨겨둔다.

우리는 하나님께 영광스러운 영원한 유산을 받았다는 것을 믿을 때 이 땅에서 재물을 축적하고자 하는 욕심을 미련 없이 내려놓는다. 나는 수입의 10퍼센트는 교회에 바치고, 거기에 더하여 10퍼센트는 세계 선교에 바치기 시작하라고 그리스도인들을 격려하기 위해 힘쓴다. 당신의 수입이 많아지면 세계 선교에 바치는 금액의 비율도 더 올릴 수 있을 것이다.

백만장자가 되는 법

최근 어떤 집회에서 연설을 했는데 주최 측에서 준비한 강연들 가운데 '억만장자가 되는 법'이라는 제목의 강연이 있었다. 그러나 불행하게도 나는 그 시간에 다른 강연을 하고 있어서 참석하질 못했다. 하지만 백만장자가 되는 법에 대해서 말해주고 싶다. 앞서 말했듯이 고등학교 때 내 목표는 서른 살 즈음에 1백만 달러(한화 약 10억 원)를 현찰로 모으는 거였다.

사람들의 눈에는 내가 그 목표를 이룰 시간적 여유를 아직도 몇 년씩이나 갖고 있는 한창 청년으로 볼지 모르지만, 나는 서른 살 시절에 세웠던 그 목표에 턱없이 미치지 못했을 뿐더러 지금은 14년이나 늦은 나이이다.

인터넷에는 백만장자가 되기 위한 계산법을 소개하는 사이트들이 많다. 그런 사이트들에 들어가보면, 당신이 현재 얼마나 많은 돈을 갖고 있고 또 얼마나 많은 돈을 저축하느냐에 따라 그리고 당신의 저축액에 7,8퍼센트 정도 수익이 발생한다는 것을 전제로, 백만장자가 되기까지 얼마의 시간이 걸릴지 알 수 있다.

골치 아프게 계산하는 수고를 덜어주기 위해 내가 대신 가르쳐주겠다. 당신이 지금 모아둔 돈이 하나도 없는데 백만장자가 되기로 결심했다면 내 도움을 받기 바란다. 이것은 매우 중요한 일이다. 일단 매달 400달러(한화 약 40만 원)를 저축하라. 거기에 8퍼센트 정도의 수익이 붙으면 36년 10개월 후에 백만장자가 될 것이다. 이 계산법의 요점은 목표가 눈에 보여 '할 수 있다'는 생각을 갖게 한다. 자, 오늘부터 시작해서 36년 10개월 뒤에 백만장자가 되거든 내게 메일 한 통을 보내주길 바란다.

그렇다면 우리가 전 세계적인 왕국을 건설하는 데 매달 400달러를 투자한다면 어떨까? 이럴 경우 36년 10개월이 지나면 예수님의 이름을 거룩하게 하고, 예수님의 나라를 건설하고, 숱한 영혼들의 영원의 세계를 바꾸는 세계적인 선교 사업에 1백만 달러의 돈을 투자한 상태에 이를 수 있을 것이다.

장차 천국에 가면 이 땅에서 하나님나라에 투자한 모든 자금에 대해 8퍼센트의 수익보다 훨씬 더 많은 것들을 상급으로 받을 것이다. 이는 당신이 세계 선교를 위해 1백만 달러를 투자했다고 당신의 자녀들과 그 자손들에게 말할 수 있는 놀라운 훈련이 될 것이다.

하나님께서 세상을 변혁시키는 데 필요한 모든 은혜와 용기를 주신다면 당신은 세상을 변혁시킬 수 있다! 당신의 삶이 하나님의 복음 사업에 개별적으로 깊이 통합될 때 당신은 복음을 더욱 깊이 체험할 것이고, 당신의 기쁨이 커질 것이며, 당신의 삶은 지금보다 훨씬 더 큰 영원한 영향력을 갖게 될 것이다.

그래서 우리는 비록 그리 넉넉지 않은 살림의 선교사 가족이지만 세계 선교에 1백만 달러를 투자하고자 하는 목표를 갖고 있다. 물론 이것을 이루는 데는 시간이 걸릴 것이다. 그러나 우리가 지속적으로 신실하게 바치면 우리가 한 가족으로서 세계 선교를 위해 1백만 달러에 달하는 돈을 투자할 수 있었다고 마침내 말할 수 있는 기쁨에 이를 것이라고 믿는다. 이것은 가능성이 매우 높다. 당신의 가족에게도, 다른 선교사 가족에게도 가능하다.

또한 나는 우리 가족이 그 1백만 달러 목표를 좀 더 빨리 달성하고 그 이상을 바칠 수 있게 되는 데 이 책이 한 몫을 하게 되기를 소망한다. 이 책의 인세 수입도 모두 세계 선교를 위해 기부될 것이다. 하나님께서 이 책과 내가 앞으로 쓸 다른 책들을 축복하기로 결정하시면 7년이 지난 내 나이 쉰 살 무렵에 1백만 달러를 하나님께 드릴 수 있을 것이다.

세계 선교를 위해 1백만 달러를 바치는 이 도전에 당신의 가족들과 함께 응할 마음이 있는가?

운명적으로 만난 로잔

로잔이 아직 살아 있나

나와 국제로잔운동과의 관계는 2004년에 시작되었다. 그것은 우리의
일본 사역을 후원하는 미국의 필라델피아 제10장로교회 출신의 선교
사가 내게 메일로 '일본에 방문해도 괜찮겠냐'고 질문한 데서 시작되었
다. 그는 그해 가을에 아시아에 올 예정이라면서 우리가 막 시작한 사
역을 보고 싶다고 말했다. 내가 그에게 아시아에는 무슨 일로 오냐고
묻자 그는 로잔대회의 참석을 위해 온다고 했다.

'로잔이라고?'

1974년에 창립된 로잔대회가 그때까지 여전히 존재한다는 말을 들
었을 때 나는 마치 전설적인 로큰롤 가수 엘비스 프레슬리가 여전히
살아 있다는 말을 듣는 것 같았다. 호기심이 생겼고, 엘비스를 내 눈
으로 직접 보고 싶어졌다. 그래서 그 대회에 참석할 방도를 모색하다

가 당시 아직 존재하지도 않는 일본의 한 신학교의 젊은 학장 자격으로 태국의 파타야에서 열린 '2004 로잔운동 공개토론회'에 겨우 초청을 받을 수 있었다.

그곳에서 나는 말할 수 없는 경이로움에 압도되었다. 우선은 'OM 국제선교회'의 조지 버워(George Verwer) 총재를 보았기 때문이다. 그에게 인사를 건넨 뒤에 비록 짧은 시간이나마 일본에 대해 이야기하는 기회를 가질 수 있었다. 또한 신학교 스승이자 멘토인 로버트 콜만 박사도 우연히 만났다. 그리고 당시 일본 선교사로 사역하면서 아시아 지역 전문 선교단체 '아시안 액세스'의 회장도 겸하고 있던 더그 버드셀(Doug Birdsall, 국제로잔운동 총재 역임)을 만났다. 그리고 그 회의 마지막 날, 그가 로잔운동의 차기 총재로 임명되는 광경을 보았을 때 정말로 마음이 뿌듯했다.

그동안 일본에서 사역하는 선교사들은 로잔과 깊은 인연을 맺어왔다. 1974년 로잔회의 초대의장인 돈 호크(Don Hoke)는 일본 선교사이자 도쿄기독교대학의 학장이었고, 2004년 파타야의 그 대회에서는 테드 야마모리(목회자, 선교사, 국제기아대책기구 의장 역임)가 로잔의 국제사무 총괄로 임명되었고, 2013년에는 내가 국제로잔운동의 차기 총재로 임명되었다. 이 모든 것들이 일본 교회에 얼마나 큰 기쁨인지 모른다.

2004년의 그 공개토론회가 있기 몇 개월 전, 내 삶에는 영적 어둠이 가득했다. 내가 손을 대는 거의 모든 것들, 컴퓨터든 시계든 프린터든

가릴 것 없이 다 망가지는 것 같았다. 그래서 새로 산 좋은 물건을 갖고 내 근처에 얼씬도 하지 말라고 주변 사람들에게 경고하기도 했다.

또 회의 참석 차 태국으로 출발하기 며칠 전부터 두피 상태가 이상해지더니 하얀 각질이 일어나 비늘처럼 벗겨지기 시작했다. 뿐만 아니라 매일 아침 일어날 때마다 몇 분 동안 심한 두통을 앓았다. 그리고 태국으로 떠나던 날, 내 평생 최악의 두통을 경험했다. 태국까지 가는 6, 7시간 동안 내내 나는 비행기 좌석에 앉아 상체를 숙이고 머리를 앞좌석 등받이에 밀착시킨 채로 끙끙거렸다. 머리가 터질 듯이 고통스러웠다.

그런데 태국에 도착하자 그렇게 심했던 두통이 씻은 듯 가셨다. 그리고 일주일의 회의 일정을 끝내고 일본으로 돌아와 보니 일본을 떠나기 전에 고장 났던 여러 기계들이 다시 정상적으로 작동하고 있었다. 그러나 내가 태국으로 떠나기 전에 나를 겨냥했던 공격들이 내가 태국에 체류하는 동안 가족들에게로 옮겨진 듯했다.

태국에 도착한 첫날 밤, 일본의 우리 집 전화가 새벽 3시 14분에 울렸다. 아내가 수화기를 들었지만 아무 말이 없었다. 다음날 밤에는 똑같은 시각에 자명종 시계 소리가 갑자기 울리는 바람에 아내와 세 아이가 모두 잠에서 깼다. 그 다음날 밤에도 같은 시각에 전화벨이 울렸고, 아내가 받자 역시 아무 말이 없었다고 한다. 아무래도 내가 그 모임에 참석한 것을 몹시 원하지 않는 세력이 있다는 걸 느꼈다.

잃었던 목소리를 다시 찾다

2004년 공개토론회의 마지막 날, '로잔 청년 지도자 모임'이 2006년에 열릴 것이며 '네비게이토 선교회'의 폴 스탠리(Paul Stanley)가 그 모임의 의장을 맡을 거라고 주최 측에서 공표했다.

세계의 청년 지도자들이 모두 모이는 그런 모임은 1987년 싱가포르에서 처음 열렸다. 당시 세계 각 나라에서 모여든 250명의 유망한 청년 지도자들 가운데 미국에서 온 존 파이퍼라는 이름의 호리호리한 젊은이가 있었다. 그곳에서 그는 피터 커스믹, 아지스 페르난도(스리랑카의 사역자), 라메즈 아탈라(이집트의 사역자) 등의 다른 청년 지도자들과 교류했고, 그들은 존 스토트(John Stott, 영국의 복음주의 신학자이자 설교자)와 레이튼 포드(Leighton Ford, 미국의 사역자, 로잔운동의 초대 총재) 같은 로잔 제1세대 지도자들에게 조언과 가르침을 받았다.

그런 말들을 듣자 걷잡을 수 없이 흥분되면서 2006년에 열릴 '로잔 청년 지도자 모임'에 참여하고 싶은 마음이 불일 듯이 일었다. 그래서 그 모임의 의장으로 임명된 폴 스탠리를 찾아가 나를 소개한 뒤에 우리가 일본에서 진행하고 있는 선교 사역에 대해 말했고, 할 수만 있다면 어떤 식으로든 도움이 되고 싶다고 했다.

그는 얼마 동안 기도한 뒤에 내게 전 세계의 청년 지도자들 몇 사람과 함께 2006년 청년 지도자 모임을 계획하는 팀의 일원이 되어달라고 부탁했다. 그리고 그 모임에서 기조연설을 해달라고 했다. 그래서 내 평생 최고의 연설 가운데 하나가 될 그 연설을 준비하면서 몇 개월을 보냈다. 세계 111개 나라에서 모여든 550명의 청년 지도자들, 전 세계의 교회를 이끌어갈 미래, 그들은 내가 상상할 수 있는 최고의 집단이었다. 그들보다 더 마음 설레게 하며 더 전략적으로 중요한 집단이 어디 있을까!

마침내 기조연설 준비가 끝났다. 그 모임에서 행할 연설 내용에 관한 아내의 의견이 듣고 싶었다. 하지만 당시 나는 일본에서 살다가 고향인 미국으로 돌아와 심각한 '역 문화충격'을 앓고 있던 아내가 내 설교에 대해 심하게 비판한 탓에 마음이 많이 상해 있었다. 우리는 기도와 대화로 그런 부자연스러운 상황을 이겨낼 수 있었고, 그런 상황을 초래한 각자의 핵심적인 문제들을 더 분명하게 잘 이해할 수 있었다. 마침내 우리는 커피숍에 마주 앉아 내가 그 모임에서 하게 될 연설에 대해 자유롭게 의견을 주고받는 소중한 시간을 가질 수 있었다.

얼마 후 나는 하나님께서 행하실 일들에 대한 흥분과 기대에 부풀어 말레이시아 남서부에 위치한 포트 딕슨으로 날아갔다.

칭찬보다 더 중요한 것

드디어 2006년 로잔 청년 지도자 모임의 첫날밤에 기조연설을 하게 되었다. 너무 긴장하여 내가 무슨 말을 했는지 하나도 기억나지 않았다. 연설을 하는 내내 마치 꿈을 꾸고 있는 것처럼 느껴졌다. 연단에서 내려온 나를 한 아프리카인 형제가 꼭 안아주면서 "하나님께서 당신을 축복해주시기를!"라고 말했을 때 비로소 그 꿈에서 깨어난 것 같았다.

나는 그때까지 받았던 모든 찬사와 칭찬보다 더 많은 찬사와 칭찬을 수많은 사람들에게서 받았다. 그러나 이번에 사람들이 던져주는 각설탕이 전과 달리 내 입이나 마음을 달짝지근하게 하지 못했다. 그리고 내 마음의 깊은 상처가 말끔히 치유된 것처럼 느껴졌다.

그날 밤 내 마음에서 일대 변혁이 일어났다. 설교를 하면서 그렇게 강력한 성령의 임재와 능력을 일찍이 체험한 적이 없었다. 그날 밤 모든 순서가 끝난 뒤에 세계 각 나라에서 날아온 수십 명의 청년 지도자들과 이야기를 나누고 또 나누었다.

중국에서 온 한 형제가 내게 말했다.

"마이클! 때로 제 하나님이 너무 작게 느껴져요. 저를 위해 기도해주시겠어요?"

그에게 대답했다.

"어려운 환경에서 하나님을 섬기고 계신 분이 그런 말씀을 하시면 저 같은 사람들은 뭐라고 말해야 할까요?"

나는 그와 다른 그리스도인들이 중국에서 직면하고 있는 박해와 도전에 대해 잘 알고 있었다. 온갖 악조건 속에서 강인한 믿음으로 사역하는 그가 나 같은 미약한 사람에게 기도를 요청한다는 게 한없이 부끄러웠다. 에티오피아에서 온 한 청년은 어린 시절에 길에 버려졌다가 주님의 은혜로 구조되어 소망의 삶을 살게 되었다고 말했다.

다음 날 더그 버드셀의 조력자 한 사람이 내게 물었다.

"엄청난 하루를 보낸 뒤에 의기소침해 있는 것 아니에요?"

내가 대답했다.

"아뇨, 전혀요. '그 후'(after)가 '동안'(during)보다 훨씬 더 좋습니다. '동안'은 제가 어떻게 했느냐 하는 것에 관한 것이지만 '그 후'는 하나님께서 행하신 것들을 목격하는 특권을 누릴 수 있으니까요!"

생각해보면 그 모임에서 수백 명의 다른 사람들과 수백 차례의 대화를 나누면서 성령께서 그들의 삶에서 해오고 계신 놀라운 역사에 대해 듣는 특권을 누린 것 같다.

그 모임이 끝난 뒤, 일본의 나고야로 잠깐 날아가(당시 아내와 나는 선교사에게 주어지는 일 년의 휴가를 보내기 위해 고향인 필라델피아에 체류하고 있었다), 그 모임에서 체험한 것들을 우리 신학교 학생들과 일본인 스승 구로가와 선생님께 전했다. 내 마음의 깊고도 깊은 상처를 치유해주었던 체험과 내 연설과 관련하여 세계의 숱한 청년 지도자들이 던져주었던 각설탕 같은 증언들에 대해 말했을 뿐만 아니라 이제는 사람들의 칭찬을 필요로 하거나 얻기 위해 절대 바동거리지 않을 것 같은 느낌이 든다고도 했다.

내 말을 다 들은 뒤에 구로가와 목사님이 말했다.

"아마 자네는 그런 욕구를 떨치기 위해 늘 몸부림쳐야 할 거야!"

내가 대답했다.

"어쩌면 그럴지도 몰라요. 하지만 이제는 그런 욕구가 제 안에서 죽은 것처럼 느껴집니다!"

슈퍼 동안

2007년에 나는 로잔 이사회에 들어와 달라는 초대를 받았다. 당시 나는 로잔 이사회 구성원들 중 최연소였고, 아마 현재도 그러리라 생각된다. 어릴 때도 어디를 가든지 늘 막내였다. 우리 식구들 사이에서뿐 아니라 우리 가족의 친구들 가족 사이에서도 나는 종종 막내였다.

나는 고등학교에서 취득한 몇몇 과목의 학점을 인정해주는 제도 덕택에 펜실베니아대학 과정을 3년 만에 끝냈고, 부모님은 많은 돈을 아낄 수 있었다. 하지만 대학 3학년 때, 학부공부도 하면서 펜실베이니아 교육대학원 석사학위 과정을 이수할 수 있는 프로그램에 합격하여 그 돈을 대학원 학비에 썼다. 그리고 학부 4학년이 끝날 무렵에 2년의 대학원 과정도 끝마칠 수 있었다.

나는 트리니티신학교의 목회학 석사 과정을 2년 6개월 만에 끝냈다. 나는 당시 내 신학교 학비를 지원해주었던 필라델피아 한인연합교회에 늘 감사의 마음을 갖고 있다. 그때 신학교를 조기 졸업하여 교인들의 귀한 헌금을 조금이나마 아낄 수 있었던 게 무척 기뻤다. 그 분들께도 다시 한 번 깊은 감사의 뜻을 전하고 싶다.

내가 무엇이든지 일찍 해내는 것을 좋아하는 사람이라고 말해도 큰 무리는 없을 듯하다. 하지만 단지 학업과정만 일찍 끝마친 게 아니었다. 내 얼굴은 꽤 동안(童顔)이다. 내 말이 아니라 사람들 말인데, 사람들은 나를 '슈퍼 동안'이라 부른다. 그러나 나를 슈퍼 동안으로 보는 거의 대부분의 사람들과 달리 '슈퍼 노안'(老顔)으로 봤던 사람이 딱 한 사람이 있었다.

누나가 프린스턴대학에 입학했을 때 기숙사 입주를 돕기 위해 같이 갔었다. 당시 나는 열네 살이었다. 화장실 위치를 묻기 위해 기숙사 사무실에 갔더니 직원이 "프린스턴에 오신 걸 환영합니다!"라고 말하는 게 아닌가!

"아…, 전 중학생이에요. 화장실이 어디죠?"

생각해보면 정말 우스운 일이다. 하지만 내 키와 체중은 30년 전인 그때와 거의 변함이 없다.

서른셋의 나이에 신학교 학장이 되었을 때 나는 일본에 있는 대부분의 신학교 학장님들 나이의 절반밖에 되지 않았다. 요즈음도 우리 신학교 로비에 있으면 사람들이 "이봐 학생, 학장님은 어디 계시나?"라고 묻는 게 한두 번이 아니다. 내가 학장이라고 말하면 그들은 몹시 당황하여 상체를 직각으로 숙이고 몇 번씩이나 인사를 하면서 사과한다.

그런 어린 외모를 물려주신, 일흔이 넘었지만 지금도 여전히 아름답고 젊은 어머니에게 늘 감사하고 있다. 요즈음 열네 살짜리 큰딸 하나와 손잡고 일본의 거리를 거닐면 사람들이 우리를 다정한 연인으로 착각하기도 한다.

다음 세대를 향하여

나는 2007년부터 로잔운동을 위해 청년 지도자들을 양성하는 책임을 맡았다. 2010년 남아프리카공화국 케이프타운에서 개최된 '제3차 로잔대회'에는 유사 이래 가장 많은 청년 지도자들이 참석했다. 대회에 참석한 세계 4,000명의 지도자들 가운데 50퍼센트가 50세 이하였다. 젊은 지도자들의 비율이 그 정도에 이른 것은 놀랍고도 이례적인 일이다.

매일 저녁이면 목회자들을 위한 모임, 여성들을 위한 모임, 신학교 교수들을 위한 모임 등 특별한 관심을 공유하고 있는 다양한 그룹들이 대회장 2층의 널찍한 홀 여기저기에서 도란도란 모여 후식을 먹으며 대화와 친교의 시간을 가졌다. 하지만 거의 대부분의 모임들에 참석한 사람들의 숫자는 주최 측에선 2층 홀 근처의 우리 청년 지도자들이 모인 카페에 남은 음식들을 보내왔는데, 그 양이 어마어마했다. 하지만 젊은 우리들은 먹성이 좋았다.

그런 수요일 밤, 마흔 이하의 지도자들을 위한 특별 모임이 있었다. 당시 나는 서른아홉 살이었다. 우리는 잘해야 500명 정도 참석할 거라 예상했다. 그러나 1,000명이 넘게 몰려들어 모임 장소가 터져나갈 지경이었다.

내가 환영인사를 하기 위해 자리에서 일어나 말했다.

"형제자매 여러분, 여러분 중에 많은 분들이 '로잔의 미래가 무엇인가?'라고 제게 물었습니다."

그리고 모인 사람들에게 서로를 둘러보라고 말했다. 그리고 또 옆에 있는 사람의 눈을 응시하라고 말했다. 그리고 말했다.

"미래에 오신 것을 환영합니다!"

성령충만한 하나님의 역사

나는 대단히 열정적인 은사주의자는 아니다. 그저 평범한 장로교 사역자일 뿐이다. 그러나 살아온 날들을 돌아보면 내가 오늘에 이르도록 하나님께서 성령충만한 방법으로 이끌어주신 때가 많았다.

2007년 헝가리 부다페스트에서 로잔의 선임 여성회원 한 사람이 기도시간에 내게 다가왔다. 그전에 한 번도 만난 적이 없고 이름조차 모르는 사람이었다(지금은 절친한 친구가 되었다). 그녀가 뜬금없이 내게 말했다.

"제가 미쳤다고 생각하시겠지만 하나님께서 주신 말씀을 당신에게 전해주고 싶어요!"

솔직히 말하면 당시에는 그녀가 살짝 정신이 이상하다고 생각했다. 그녀가 계속 말했다.

"당신에게 전하라고 주신 말씀을 전할게요. '너는 내 사랑하는 도구이다. 나는 너를 택했다. 내 영광을 위해 너를 쓰리라!' 하나님께서는 당신이 이것을 꼭 알기를 원하세요!"

나중에 알게 된 사실로 그녀의 이름은 베리트(Berit), 히브리말로 '진리'라는 뜻이다. 그녀가 계속 말했다.

"하나님께서는 또 당신에게 '너는 내 눈에 귀하다. 네가 네 온 마음을 내게 주었다는 것을 알고 있다. 너는 내 귀한 종이다. 너를 사랑한다!'라고 말씀하셨어요."

그러고는 내게 물었다.

"무슨 말인지 아시겠어요?"

"네, 알아요!"

눈물이 홍건한 눈으로 그녀에게 대답했다.

25년 전인 펜실베이니아대학 1학년 때였다. 어느 날 밤에 기도회에 갔다. 참석자는 단둘, 상급생 친구 한 사람과 나뿐이었다. 그 상급생은 한참 동안 나를 위해 기도하더니 이렇게 말했다.

"하나님께서 네게 전해주라고 내게 말씀을 주셨어. '나는 너를 기쁘게 여긴다. 하지만 너는 아직 네 마음을 나한테 온전히 주지 않았구나!'라는 말씀이야. 하나님께서는 네가 이것을 꼭 알기를 원하셔!"

부다페스트에서 베리트에게 뜬금없는 말을 들었을 때 나는 대학시절에 상급생에게 들었던 말들이 그대로 되살아나 하염없이 울고 또 울었다.

2011년 보스턴에서 있었던 로잔의 연례지도자 회의에서 한 리더가 내게 다가와 말했다.

"기도하던 중에 하나님께서 황금 실 혹은 황금 천을 갖고 있는 당신을 이끄시는 장면을 보았습니다. 제가 보기에 당신은 땅에서 발이 떨어져 공중에 떠 있는 것 같았고, 하나님께서 그분의 목적을 향해 당신을 견고하고 정확하게 인도하고 계신 것 같았습니다. 로잔은 당신을 위해 기도해야 할 필요가 있습니다. 저는 당신을 미래로 여깁니다. 미래를 위한 지도자로 여깁니다!"

그날 내 일기장에 이 말을 적어두었으나 까맣게 잊고 지내다가 나중에 로잔의 임원선출위원회와의 마지막 면담 두 시간 전쯤에 불현듯 생각나서 일기를 펼쳐서 읽었던 것이 기억난다.

보스턴에서 그 지도자에게 그런 말을 듣고 나서 2년이 지난 뒤의 미시시피 잭슨 시, 로잔 지도자들을 위한 기도시간에 베리트가 다시 나를 찾아와 말했다.

"하나님께서는 그분이 당신을 매우 많이 사랑하신다는 것을 당신이 알기를 원하십니다. 미래를 위해 하나님을 신뢰하며 앞으로 나아가도 괜찮다는 것을 당신이 알기를 바라고 계십니다!"

인생을 바꾸어놓은 전화 한 통

2012년 11월 15일, 그날 나는 내 인생을 완전히 바꾸어놓은 전화한 통을 받았다. 당시 로잔운동의 총재이던 더그 버드셀의 전화였다. 그는 로잔운동을 이끄는 총재의 직무를 내려놓을 예정이라고 했다. 나는 상상도 못한 그의 충격적인 말에 어안이 벙벙했다. 나는 그가 당연히 향후 10년, 아니 그 이상 로잔을 이끌어가리라고 늘 생각하고 있었다. 그러나 그의 다음 말에 더 큰 충격을 받았다.

"이 결정은 내게 달린 것이 아니야. 로잔의 차기 총재가 되는 것을 놓고 진지하게 기도해보게!"

그는 2010년에 케이프타운에 집결했던 4,200명의 전 세계 지도자들에 대해 곰곰이 생각하면서 로잔운동의 차세대 지도자로 자신이 누구를 원하고, 또 누가 로잔을 다음 세대로 이끌어갈 수 있을지 생각해보았을 때 나 말고는 그 누구도 떠오르지 않는다고 했다. 또 내 삶에서 능력과 성숙함과 겸손함을 목격했을 뿐 아니라 지난 몇 해 동안에 내가 사역의 현장에서 이룩한 괄목할 성장이 자신에게 더없는 격려와 축복이 되었다면서 내게 과분한 칭찬을 했다.

그로부터 얼마 후에 로잔 이사회의 또 다른 임원에게서 전화가 왔다. 그는 '로잔을 미래로 이끄는 데 마이클만한 적임자가 없고, 로잔은 마이클을 반드시 잡아야 하며, 그렇게 할 때 로잔은 활기찬 미래를 맞이할 것'이라고 총재에게 말했다고 한다.

두 사람 모두 나에 대한 100퍼센트의 신임을 보이는 동시에 할 수 있는 대로 최선을 다해 지원해주겠다는 각오와 열의를 표명했다. 그날 밤, 일기장에 다음과 같이 적었다.

'엄청난 두려움과 설렘이 동시에 느껴진다. 나 자신의 작음과 연약함에 압도된다. 하지만 내가 주님을 의지하고 복음을 의지하는 한, 그런 것들이 내게서 주님의 일을 할 자격을 박탈하지 못하리라는 것 또한 분명히 의식하고 있다.'

2013년 1월, 로잔 이사회는 나를 로잔의 차기 총재와 이사장으로 초빙하는 안건을 만장일치로 의결했다.

머리카락을 잘린 삼손

그러나 아내와 나는 그런 가능성을 두고 몇 개월 동안 고심하고 있었다. 사실 3,4년 전부터 여러 곳의 많은 사람들이 내게 다양한 일자리를 제안하면서 의사를 타진해왔다. 그러나 나는 그런 제안과 문의를 받을 때마다 거기에 무엇인가 합당치 못한 게 있다는 느낌을 받았다. 그때마다 나는 생각했다.

'선교사 한 사람을 선교 현장에서 빼가는 게 죄라고 성경 어딘가에 쓰여 있지 않은가?'

나는 남들의 부러움을 사고도 남을 대단히 매력적인 기회들을 많이 거절했다. 어떤 사람은 "다시는 이런 기회가 오지 않을 겁니다!"라고 말하기도 했다. 오히려 그런 말이 나로 하여금 그 자리를 원치 않게 만들기에 충분했다. 무엇보다 하나님께서 우리 부부에게 무엇을 원하시는지 알고 싶었다. 그리고 또한 우리는 하나님께서 허락해주시면 일본에 계속 머물기를 간절히 원했다.

내 이름이 로잔의 차기 총재로 거론되던 초기에는 혹시 내가 로잔의 총재로 선출될 경우에 일본에 계속 머무르도록 허락을 받을 수 있을지 명확하지 않은 상태였다(당시 로잔 본부는 미국에 있었다).

일본에 머무르지 못할 수도 있다는 가능성을 놓고 기도하며 씨름하는 과정은 정말 고통스러웠다. 그런 문제로 고심하면서 느꼈던 느낌을 가장 적절하게 묘사할 수 있는 단어는 '께름칙하다'는 게 아닐까 생각된다. 일본을 떠나야 하는 상황이 올 수도 있다는 가능성에 대해 생각하며 기도하는 보름 동안 이런 느낌을 지울 수가 없었다. 내가 더 이상 일본 선교사로 사역할 수 없다는 것은 삼손이 머리카락을 잘리는 것과 다르지 않았다. 나는 일본을 떠나야 한다는 생각을 견딜 수가 없었다.

그래서 지금 나는 일본에 계속 머무르게 해달라는 내 요청을 수락해주었을 뿐 아니라 심지어 로잔 본부를 창립 이래 최초로 아시아로, 그것도 일본으로 이전해달라는 요청까지도 기꺼이 수락해준 로잔 이사회에 대단히 감사하는 마음을 갖고 있다. 로잔 본부는 언제나 미국에 있었고, 매우 뛰어나고 훌륭한 노년의 미국인 지도자들이 이끌었다.

그러나 현재 로잔은 새로운 계절을 맞이하고 있다. 전혀 뛰어나지 않은 아시아에 거주하는 젊은 아시아인 지도자가 이끌고 있기 때문이다. 나는 로잔의 선임 총재들 같은 지혜, 경험, 재정적 후원, 지명도도 없다. 그러나 한국 교회를 위시하여 일본과 중국과 아시아 전체 교회의 실로 강력한 뒷받침과 기도와 지원을 느끼고 있다는 사실에 매우 감사하고 있다.

세계 인구의 60퍼센트 이상이 아시아에 살고 있고 세계 교회의 50퍼센트 이상이 아시아에 있다. 따라서 지금이야말로 로잔 본부가 아시아에 있어야 할 적당한 때라는 것을 믿어 의심하지 않는다.

우리는 하나님의 지혜와 확증을 뜨겁게 갈구했다. 현재의 일본 선교 소명에서 우리의 마음을 돌이키는 일이 생긴다면, 그것은 오로지 하나님께서 우리의 마음에 대대적인 변화를 일으키실 때라는 것을 지난 세월을 통해 잘 알고 있었기에 어느 때보다 더 간절히 기도했다. 그리고 하나님께서는 그런 마음의 확증을 우리에게 허락해주셨다.

어느 날 밤, 잠자리에 들 준비를 하는데 아내가 나를 보며 말했다.

"당신이 정말 자랑스러워요!"

나는 그때 하나님께서 내 마음과 아내의 마음에 이미 확증을 주셨다는 것과 그 직무를 감당하라고 우리를 이끌고 계시다는 것을 알았다.

시련은 축복의 기회

그러나 로잔운동을 이끄는 것에 동의하는 것과 관련해서 내 마음을 가장 주저하게 만든 것은 바로 그 일로 인해 내 가족들이 겪게 될 희생이었다. 나는 지금까지 사역의 제단 위에 내 가족을 희생시킨 적이 없고, 앞으로도 계속 그럴 것이다.

지난달 내 임기 첫해를 평가하는 로잔 이사회가 열렸을 때 나는 가족들을 위해 기도해달라고 부탁했다. 또한 내게는 로잔 총재라는 직위가 전혀 필요하지 않고, 그것이 혹여 내 가족들을 아프게 하기 시작한다면 언제라도 사임하겠다는 뜻을 분명히 했다. 나는 아내와 아이들과 떨어져 있는 것을 언제나 싫어했고 지금도 여전히 그렇다.

2006년에 로잔 청년 지도자대회가 열렸을 때 선교사에게 주어지는 휴가를 보내기 위해 고향인 필라델피아에 머물던 나는 대회 장소인 말레이시아로 떠나기 전에 내 일기장에 다음과 같이 적었다.

이제 몇 시간 뒤면 떠나야 한다. 15시간의 비행이 하나도 기대되지 않는다. 이제 아침에 말레이시아를 향해 떠나면 단 하룻밤 사이에 나고 야에 있게 될 것이다. 딸들과 떨어지는 것은 더 기대되지 않는다. 그 아이들과 떨어져 있는 고통을 견뎌낼 수 있을 것 같지 않다. 아내와 딸들과 떨어져 지내야 한다니 벌써 마음이 갈기갈기 찢어지는 것 같다. 총 16일이다.

'하루하루 보내다 보면 어느새 가겠지!'

나는 가족들과 떨어져 있는 게 편치 않다. 그리고 그것을 내가 편안하게 여기게 내버려두지 말라고 주님께 늘 기도드린다. 가족들과 떨어지는 것은 고통스럽다. 그러나 그렇기에 감사히 여긴다. 그렇다. 나는 가족들과 떨어지는 것을 절대 고대하지 않는다.

내가 로잔 총재로서 직무를 시작한 처음 몇 개월 동안 아내와 나는 우리에게 닥친 난제를 어떻게든 이겨내리라고 이를 악물고 결심했다. 그러나 그렇게 하면 안 된다는 것을 마침내 깨달았다.

'이것을 우리 가족에게 닥친 어려운 시련으로 간주하여 어떻게든 극복하려고 애쓰는 건 아니구나!'

그래서 우리는 태도와 행동을 전환했다. 그해 여름, 우리는 내 직무와 관련된 해외 출장과 가족 여행 문제로 고심하고 있었다. 그해 여름 휴가를 필라델피아에 있는 본가에서 보내기로 예정했다. 하지만 나는 공식적인 취임을 위해 인도의 방갈로르로 가야 했고, 이어 로잔의 '아시아 그리스도인 지도자 토론회'에 참석하기 위해 서울에도 가야 했다. 본래 계획은 일단 내가 가족들을 데리고 필라델피아로 간 후 다음 날 나 혼자 인도에 가고, 거기에서 일정을 마친 뒤에 다시 한국으로 가고, 그 뒤에 다시 필라델피아의 가족들에게로 돌아오는 것이었다.

그러나 그때 우리는 그런 도전들이 우리에게 견딜 수 없는 골칫거리가 아니라 크나큰 축복의 기회가 된다는 것을 깨달았다. 그래서 본래의 계획을 변경하여 내가 인도에 가 있는 동안 가족들은 일본에 머물고, 내가 인도 일정을 마치면 일본으로 돌아와 가족들과 함께 한국으로 가기로 했다.

그 계획은 순조롭게 진행되어 아내와 아이들은 로잔운동이라는 것을 생전 처음으로 체험했고, 또 아이들은 아빠가 하는 일이 무엇인지를 어느 정도 알 수 있었다. 아내와 아이들에게 정말로 뜻깊고 놀라운 시간이었다. 그런 체험을 하기 몇 주일 전에 우리 가족이 저녁을 먹고 있을 때 우리 집 막내 엠제이가 자기 접시에 담긴 이탈리아식 파스타 '라자냐'[Lasagna, 로잔(Lausanne)의 철자가 비슷하여 어린 엠제이가 혼동함 - 역자 주]를 가리키면서 내게 물은 적이 있었다.

"아빠가 하는 일이 이런 거야?"

또한 우리가 여행 계획을 변경하여 나고야에서 서울로 갔다가 거기서 다시 미국으로 가는 비행기 표를 구입하는 데 들어간 비용이 나고야에서 직접 필라델피아로 날아가는 경우보다 개인당 500달러나 저렴하게 들었다. 하나님의 은혜였다.

이렇게 내게 새로이 주어진 소명을 완수하면서 우리 가족을 축복하는 기회를 포착하기 위해 힘썼다. 2013년 7월에는 로잔의 장애인 사역 기관의 선임회원인 조니 에릭슨 타다(Joni Eareckson Tada, 17세 때 불의의 사고로 사지가 마비됨. 미국의 저자, 라디오 프로그램 진행자, 장애우를 위한 사역단체인 'Joni and Friends'의 창립자)를 만나러 가족들과 함께 로스앤젤레스에 갈 수 있었다. 우리 집 아이들은 그녀와의 만남을 정말 좋아했다.

지난 3개월 동안 한국에서 다양한 모임이나 설교 기회가 있을 때마다 우리 집 다섯 아이들을 번갈아 데려올 수 있었다. 한국에서 이 원고를 쓰고 있는 지금도 셋째와 넷째 딸이 내 옆에서 새근새근 잠을 자고 있다. 요즈음 나는 다양한 회의나 교회로부터 연설이나 설교 청탁이 올 때마다 가족들 한두 명을 데려갈 수 있게 해주면 초대를 긍정적으로 고려할 확률이 훨씬 더 높아질 거라고 조용히 일러준다. 우리 일곱 식구는 한 가족으로서 함께 로잔운동을 체험하면서 하나님의 은혜 또한 한 가족으로서 함께 더 많이 체험할 수 있었다.

솔직히 나는 지금 모든 사람들을 실망시키는 내 인생의 한 시즌을 지나고 있다. 나는 로잔 이사회와 그리스도성경연구소의 임원진들을 실망시키고 있다. 로잔의 다른 지도자들과 그리스도성경연구소의 다른 직원들을 실망시키고 있다. 이런저런 대회들과 이곳저곳의 지역교회들을 실망시키고 있다.

한국 교회와 일본 교회를 실망시키고 있다. 학교들과 선교단체들과 SNS에서 나를 기다리고 있는 이들도 마찬가지다. 그러나 나는 이 모든 것들을 의도적으로 하고 있다. 신중히 생각하여 전략적으로 하고 있다. 내가 그들을 실망시키고 있는 까닭은 "아뇨!"라고 말하기 때문이다. 그들의 대회와 모임에서 그들이 원하는 것보다 더 적은 시간을 그들에게 내주기 때문이다. '이만큼'의 접근성과 호응을 내게 바라는 그들에게 '요만큼'의 접근성과 호응을 용인하기 때문이다.

내가 그들을 실망시키고 있는 까닭은 내 가족을 실망시키고 싶지 않기 때문이다. 나는 모든 사람들을 흡족하게 해줄 만한 능력을 갖고 있지 않다. 하지만 아내와 아이들을 사랑하는 것을 선택할 수 있다. 그리고 그들을 사랑하기 위해 내 시간을 쓰고 해외출장을 자제하리라고 단단히 마음먹을 수는 있다. 물론 언제까지나 이렇지는 않을 것이다. 아이들이 언젠가는 성장할 것이기 때문이다. 그러나 그들의 어린 시절, 이 귀한 날들을 그냥 흘려버리고 싶지 않다. 나중에 나이가 더 들어 '아이들이 어렸을 때 같이 있는 시간을 더 많이 가졌어야 했어!'라며 때늦은 후회를 하고 싶지 않다.

이게 네가 할 일이야

로잔운동을 이끌어달라는 초대를 수락하는 것을 놓고 기도하고 있었을 무렵, 로잔의 초대 총재였던 레이튼 포드(Leighton Ford)에게서 메일 한 통이 왔다. 그는 루스 헤일리 바턴(Ruth Haley Barton)의 저서 《영혼의 리더십》(Strengthening the Soul of Your Leadership)에서 발췌한 한 대목을 인용했다. 당시 내게 의미심장하게 다가왔던 그 인용구를 소개해본다.

"어떻든지 우리는 이 순간이 다르다는 것을 알고 있다. 이 순간은 화려한 이력 전환에 관한 게 아니다. 안위에 관한 것도 아니다. 성공이나 실패나 자아가 우리에게 원하는 다른 어떤 것 혹은 몇 가지 매력적인 선택사항들 가운데서 하나를 선택하는 것에 관한 것도 아니다. 지금 이 순간은 우리를 일으켜 세우시며 '이것이 네가 해야 할 일이야'라고 말씀하시는 하나님의 영에 관한 것이다."

거의 같은 무렵, 테드 야마모리(목회자, 선교사, 국제기아대책기구 전임 의장) 박사에게서도 메일이 왔다.

마이클에게

자네와 자네 가족들이 매우 근심스러워하는 시기라는 것을 알고 있네. 늘 자네를 위해 많이 기도하고 있어. 자네는 하나님께서 임명해주신 사람이야. 그러니 자네 앞에 놓인 과업에 확신을 가져야 할 걸세. 한 마디 더, 자네가 21세기의 가장 중요한 기독교 운동을 이끌어 가도록 하나님께서 자네를 준비시켜주셨다는 사실을 말해주고 싶네.

하나님의 축복이 깃들기를 _테드

그리고 마침내 로잔의 선출위원회 수장 로저 패롯(Roger Parrott, 벨헤이븐대학 총장) 박사로부터 최종 투표 결과에 대한 전언이 도착했다.

마이클에게

만장일치야. 너무 기뻐 가슴이 두근거려!

'발의에 대한 결정 : 본 위원회는 마이클 오 박사를 2013년 3월 1일자로 로잔운동의 총재이자 이사장으로 임명하자는 조사위원회의 천거를 지지함!'

정말 감사한 일이네. 로잔의 역사에 길이 남을 순간이야. 위원회는 이 결정의 중요성을 잘 알고 있을 뿐 아니라 하나님께서 자네를 이 과업으로 부르셨다는 것을 분명히 느끼고 있네. 우리가 자네와 함께 있네. 우리는 자네를 믿어. 이 주목할 운동의 미래를 위한 자네의 지도력에 흥분하고 있네.

하나님의 축복이 깃들기를 _로저

어제와 오늘의 만남

22
CHAPTER

95세 복음전도자의 아멘

2013년 7월, 빌리 그레이엄 목사님을 만나는 엄청난 영예를 누렸다. 95세의 고령에도 정정하셨다. 목사님은 평생 2억 명 이상의 청중들에게 설교를 했다. 그 분보다 더 많은 이들에게 복음을 전파한 사람은 아마 없을 것이다.

우리는 1973년에 서울 여의도에서 110만 명의 군중들 앞에서 복음을 전했던 때에 대해 이야기를 나누었다. 목사님은 내게 한국 국민들을 사랑한다고 말했다. 또 복음을 사랑한다고. 목사님을 만나고 와서 일기에 다음과 같이 적었다.

내가 방문한다는 소식과 내가 로잔에서 맡은 새로운 책임에 대해 듣고 빌리 그레이엄 목사님이 나를 기다리고 계셨다. 방에 들어서서 인사를 나누는데 티 없이 맑은 목사님의 눈동자가 반짝반짝 빛났다. 악수를 나누고 그 옆에 꿇어앉았다. 정말 감격적인 순간이었다. 목사님은 내가 선물로 가져간 나고야 머그잔을 마음에 들어 하셨다.

목사님은 일본을 사랑하시며 일본에 대한 소중한 기억도 갖고 계셨다. 목사님은 돈 호크(Don Hoke, 로잔회의 초대 의장, 일본 선교사, 도쿄 기독교 대학 학장 역임)의 초대로 일본에 와서 처음 밤을 보냈던 때와 일본 음식점에 갔던 이야기를 내게 하셨다. 일본에 대해 묻자 목사님이 말씀하셨다.

"그럼, 기억나지!"

그리고 이렇게 덧붙이셨다.

"나는 일본 국민들을 사랑하네."

로잔에 대해 목사님께 물었다. 그러자 목사님은 1974년에 로잔의 첫 번째 모임 첫날 저녁에 말씀을 전했을 때나 지금이나 청년들을 향한 자신의 열정과 메시지는 변함이 없다고 하셨다. 그리고 내가 로잔의 초점을 세계복음화와 세계 선교에 계속 맞출 거라고 말하자 목사님은 큰 소리로 "아멘!"이라고 화답하셨다.

목사님의 기도를 받았을 때 정말 기뻤다. 나는 무릎을 꿇고 그 분의 손을 붙잡았다. 목사님은 내가 중책을 잘 감당할 수 있게 도와달라고 기도하는 한편 내 삶을 위해 새로운 축복을 해주셨다. 주님께서 그 기도에 어떻게 응답해주실지 기대가 된다. 목사님은 짧게 무엇인가를 세게 내뿜듯 두세 차례나 나를 위해 똑같은 기도를 해주셨다. 아마 목사님은 그렇게 기도해주셨다는 사실조차 잘 모르실 것이다. 하지만 목사님께 이중 기도를 받은 것은 그 옛날 엘리사가 엘리야에게 갑절의 축복을 받은 것처럼 내게는 큰 기쁨이었다. 또한 내가 목사님을 위해 기도하는 특권도 누릴 수 있었다.

"천국에 가면 가장 기대되는 게 무엇이에요?"라고 목사님에게 질문하자 "내 아내를 만나는 거지. 나는 그녀를 정말 많이 사랑했어. 그녀는 하나님의 사람이었어!"라고 대답했다. 목사님의 음성과 말씀을 직접 듣는 참으로 귀한 순간이었다. 목사님은 6년 전에 하나님의 품에 안긴 사모님을 몹시 그리워했다.

세계 선교 전략

40년 전, 목사님은 하나님이 주시는 한 가지 확신을 받았다. 전 세계 교회의 지도자들을 결집하라는 것이었다. 그것은 세계 교회 지도자들이 가졌던 모임들 가운데 가장 큰 규모의 모임이었다. 당시 그들은 복음을 수호하기 위해, 그리고 온 교회를 일으켜 온 세상에 복음을 전하기 위해 집결했다.

스위스 로잔에서 열렸던 그 모임이 오늘의 로잔운동의 시초였다. 그리고 이후 39년 동안 주님은 전 세계 지도자들을 전 세계 선교에 동원하기 위해 로잔운동을 사용해오고 계신다. 또한 세계 선교 전략을 위한 안건들을 상정하여 심의하도록 로잔운동을 사용해오셨다.

오늘날의 거의 대부분 복음주의 교회는 세 가지 주요 개념으로 구성된 선교전략을 세우고 있다.

첫 번째는 '미전도 종족 집단들'이다. 이는 복음과의 명확한 맞물림이 필요한 특정한 인종적, 언어적 집단들에게 우리의 선교전략을 집중시켜야 한다는 개념이다. 세상에는 1만7천 이상의 인종적, 언어적 집단들이 있다. 그 집단들 가운데 7천 개 집단 이상이 1퍼센트 미만의 그리스도인이 있으며 그 숫자가 25억 명에 달한다.

두 번째 개념은 '10/40 창'이다. 이는 동쪽으로 일본에서 서쪽으로 북아프리카에 이르는 북위 10도에서 40도까지의 지역을 통틀어 일컫는 개념이다. 세계의 미전도 종족 집단의 약 90퍼센트가 이 지역에 살고 있으며, 세계의 거의 모든 불교 신자들, 이슬람교 신자들, 힌두교 신자들이 이곳에 살고 있다. 이 지역들은 세계 선교의 주요 초점이 되고 있다.

세 번째 개념은 '총체적 선교(전인적 선교)'이다. 총체적 선교는 가난의 문제, 불의의 문제, 인신매매 문제, 죄의 문제 등을 포함하여 인간의 모든 필요를 충족시켜주는 것을 강조한다. 우리는 세상의 길 잃은 영혼들에게 복음을 전파할 뿐만 아니라 그들에게 복음을 실천한다. 이 세 가지 전략이 오늘날 선교에 깊은 영향을 끼치고 있다.

그리고 이 세 가지 개념 모두 로잔운동에 의해 도입되었다. 하나님께서는 전 세계 숱한 선교단체들과 연계 기관들에게 영감을 불어넣고 그것들을 태동시키기 위해 로잔운동을 사용해오셨다. 사람들은 로잔운동을 '다른 어떤 집단이 영향을 끼칠 수 있는 것보다 더 큰 공동의 비전을 갖고 있는 현대 교회 시대의 큰 왕국 협력의 하나'로 묘사한다.

오늘날 전 세계의 상당수의 선교단체들과 교회들이 다른 어떤 신앙고백과 선교선언보다 '로잔 언약'(Lausanne Covenant, 1974년 제1차 로잔 대회에서 채택한 기독교 신앙고백)을 더 많이 사용하고 있다.

또한 주님은 세계 교회를 하나로 단결시키기 위해 로잔운동을 사용해오셨다. 영국의 교회 연구가 피터 브릴리(Peter Brierly)가 말한 그대로이다. 어떤 점에서 '세계적인 기독교'는 어느 정도는 로잔 덕택에 존재한다. 다른 어떤 교회 운동도 교회가 맞닥뜨린 현안들과 씨름하고 최선의 실천과 협력자를 공유하기 위해 전 세계의 교회를 결집시키지 못하고 있었다.

'예수영화 프로젝트'의 창립자이자 대학생선교회(CCC)의 부총재 폴 에슐먼(Paul Eshleman)은 이렇게 말했다.

"오늘날 세계에는 4만3천여 개의 기독교 교파가 있다. 감히 추측해보건대 로잔이 없었다면 그 숫자는 수십만에 달했을 것이다. 전 세계 교회들이 최선의 전략과 방법론을 공유할 수 없었을 것이고 따라서 교회가 하나님나라에 데리고 들어온 사람들의 숫자도 지금보다도 훨씬 적었으리라는 것이다. 로잔은 그것을 가능케 했다."

독자들에게 기도를 요청한다. 내가 로잔운동을 이끌어나갈 때 하나님께서 나 같은 사람조차도 사용하시어 빌리 그레이엄 목사를 통해 시작하신 일을 지속하시기를 기도해주기 바란다. 나는 그런 중책을 감당하기에는 너무나 미약하고 미숙하다. 그러나 우리 하나님은 신실하고 강하시다!

로잔운동의 미래

현재 로잔운동은 매우 설레는 시기를 지나고 있다. 로잔의 미래에 무엇이 놓여 있을까? 미래를 향한 로잔의 비전들 가운데 가장 중요한 두 가지를 말하고자 한다.

첫째는 2016년 청년 지도자들의 모임이다. '청년 지도자들 모임'에서 '청년 지도자들 세대'로의 전환이다. 이는 전 세계 교회의 청년 지도자들이 로잔운동을 위해 집결하는 감격적인 세 번째 모임이 될 것이다. 첫 번째 모임은 1987년에 있었고, 두 번째 모임은 2006년에 있었고, 세 번째 모임은 2016년에 예정되어 있고, 나는 2026년에 네 번째 모임을 가질 수 있기를 기대하고 있다. 그러나 단지 한 번의 만남으로 전 세계 청년 지도자들의 얼굴을 익히고, 그들에게 정보를 제공하고, 그들을 격려하는 차원의 일회성 행사가 되지 않을 것이다. 그런 것보다 다음 세대의 지도자들을 서로 연결해주고, 훈련시키고, 동원하는 것이 모임의 목표이다.

그래서 로잔의 청년 지도자들의 모임은 더 이상 청년 지도자들의 회합이 아니라 청년 지도자들 세대들을 향한 10년을 바라보는 비전이 될 것이다. 로잔은 언제나 최선의 것들을 연결하는 것에 관여해왔다. 가장 높은 대의인 세계복음화를 위해 가장 훌륭한 사람들과 가장 좋은 아이디어들과 가장 빼어난 자원들을 서로 연결하는 역할을 해왔다. 우리는 새로운 청년 지도자들 세대와 관련하여 그들이 세계 선교의 비전을 가질 뿐 아니라 겸손함(Humility)과 정직함(Integrity)과 단순함(Simplicity)이라는 로잔의 세 가지 정신을 구현하는 HIS(세 가지 정신의 첫 글자를 딴 말이지만 '하나님의'라는 뜻도 됨) 지도자들 세대가 될 수 있도록 그들을 양육하고, 그들에게 영감을 불어넣고, 그들의 힘을 더욱 강하게 키워주기를 소망하고 있다.

2만 명의 중국인 선교사들

둘째는 2030년의 중국선교이다. 2010년 남아프리카공화국 케이프 타운에서 제3차 로잔대회가 열렸을 당시에 300명의 중국교회의 목회 자들과 지도자들이 중국경찰에 의해 공항 출입을 금지당했지만 주님 은 그런 박해의 체험을 사용하시어 중국교회의 최고 지도자들이 일체 감을 갖고 단결하게 하셨다. 그리고 2014년 7월에 우리는 '2030년 중 국선교'라는 대단히 중요한 협조체제의 기획을 출범시킬 것이다. 그때 부터 해마다 우리는 중국교회의 최고 지도자들 몇 사람에게 로잔의 가 르침에 근거한 선교전략을 훈련시킬 것이고, 중국교회가 역사적인 전 국적 차원의 목표를 더 용이하게 전략적으로 수립할 수 있도록 도움을 줄 것이다.

2030 중국선교 비전은 세 가지 목표를 지향하고 있다.

1. 중국교회 차세대 지도자들의 신학교육을 위해 중국교회가 노력할 것

2. 5천 개에 달하는 중국 전역의 기차역과 지하철역마다 교회 한 곳을 세우는 것

3. 2030년까지 중국에서 타지로 2만 명의 선교사들을 파송하는 것

지난 200년 동안, 전 세계 각 나라에서 약 2만 명의 선교사들이 중국에 들어갔다. 하지만 이제 우리는 그동안 중국에 파송되었던 2만 명의 외국인 선교사들 한 명당 한 명꼴로 2만 명의 중국인 선교사들을 세계 다른 나라들에 파송하기를 소망하고 있다. 인간의 눈에는 불가능해 보이는 목표지만 주님이 축복해주시면 전 세계에 실로 강력한 영향을 끼칠 것이다.

2013년 6월, 한국의 서울에서 전 세계 많은 나라의 교회 지도자들과 더불어 100명의 중국교회의 지도자들을 영접했을 때의 기쁨은 이루 헤아릴 수가 없었다. 그들은 전 세계 교회 지도자들과 로잔을 만나는 기회를 단 한 번도 가져본 적이 없었을 뿐더러 자신들끼리도 그렇게 한 자리에 모이는 기회를 단 한 번도 가져본 적이 없었다. 역사적인 회합이 아닐 수 없었다.

어느 날 밤, 그들이 나를 위해 기도했을 때 나는 정말 깊이 감격했다. 그런 축복을 받아본 사람이 세상에 몇이나 될까. 또한 그들이 로잔운동을 이끄는 젊은 지도자로서의 나로 인해 격려받고 큰 힘을 얻었다는 사실에 나 역시도 깊은 감동을 받았다. 그들은 나이에 관해 갖고 있던 선입견을 바꾸지 않을 수 없었다고 내게 말했다. 또한 그들은 자신들의 '2030 중국선교' 비전에 중국교회의 차세대 지도자들을 키우기 위한 구체적인 계획들을 포함시키기를 원했다. 그들은 30세 이하의 중국교회 지도자들을 발굴하고 훈련하고 준비시켜 10년 후에 나와 같은 지도자로 만들어야 하겠다고 말하기도 했다.

하나님께서 나처럼 수줍음 많고, 미덥지 못하고, 보잘것없는 나이

어린 사람을 사용하시어 중국교회의 강인한 지도자들이 자신들의 국가적 비전의 중심에 젊은 지도자들을 둘 수 있도록 영감을 주셨다. 이 얼마나 벅찬 축복인가!

왜 나일까

"왜 저입니까?"

내 평생 하나님께 정말 많이 한 질문이다. 사실 이 질문은 세상사가 내가 원하는 대로 돌아가지 않았을 때, 즉 하버드에 낙방했을 때나 내가 사랑하는 것보다 나를 더 사랑해줄 여자친구를 만나지 못했을 때 하나님께 늘어놓았던 불평과 원성이었다. 또 하나님께서 나를 다양한 대회들에 밀어넣어 대중의 주목을 받게 하셨을 때, 감당하기 어려운 무거운 짐을 내 어깨에 얹어주셨을 때 하나님께 묻고 또 물었던 질문이기도 했다.

하지만 친구들은 내 삶을 바라보면서 다른 질문을 하곤 했다고 내게 고백한다.

"왜 나는 안 될까? 왜 나는 그 모임에 연설 초청을 받지 못한 것일까? 왜 나는 그런 직위를 갖지 못한 것일까?"

그들은 나에 대한 부러움을 솔직하게 고백한다. 그런 그들의 솔직함은 하나님이 내게 주신 소명에 대한 그들의 감사와 그런 나를 위한 그들의 진심어린 기도 못지않게 내게 큰 힘이 된다. 한번은 뛰어난 교회 지도자인 내 절친한 친구기 역시 뛰어난 교회 지도자인 또 다른 친구와 나눴던 대화에 대해 내게 말해준 적이 있다.

　내 친구의 친구는 세계적인 주요 기독교 단체들의 총재들이 두 가지 유형으로 나뉘는데, 한 가지 유형은 사울 왕 같은 사람들로서 자신들을 '세상에 주신 하나님의 선물'로 여기고, 다른 한 가지 유형은 다윗 왕 같은 사람들로서 자신들을 어린 소년으로 여겨 "왜 저인가요?"라고 하나님께 질문한다고 말하면서 "그런데 슬픈 사실은 그런 유형의 비율이 50대 50이라는 거야!"라고 했다고 한다.

　모든 사람들이 너 나 할 것 없이 성공의 사다리에 한 칸 더 올라서기 위해 바둥거리는 이 세상에서는 자신을 다른 사람들에게 알리고, 자신의 권리를 공격적으로 강력히 주장하고, 이기적인 목적을 위해 자신을 홍보하는 것이 앞서가는 것처럼 보일지 모른다.

하나님께서 돌보시는 사람

　2010년에 남아프리카공화국 케이프타운에서 열린 제3차 로잔대회에서 유난히 열정적인 지도자 한 사람을 알게 되었다. 그는 나와 함께 있는 모습을 자기 휴대폰 동영상으로 찍어도 괜찮겠느냐고 물었다. 나를 만난 것에 무척이나 들떠 있는 그를 보고 나는 흔쾌히 수락했다. 그렇게 그와 함께 동영상을 찍고 났더니 이번에는 자기를 존 파이퍼에게 소개해달라고 부탁했다. 나는 잠깐 머뭇거리다가 그렇게 하겠다고 했다. 그런데 그가 갑자기 난감한 표정으로 어쩔 줄 몰라 했다. 이유를 물어보니 존 파이퍼를 만나서 찍을 동영상을 저장할 공간이 부족하다는 것이다. 해결책을 찾기 위해 허둥대는 그에게 다가가 어깨를 부드럽게 다독거리면서 말했다.

"제 것을 지우면 되잖아요!"

"그래도 괜찮으시겠어요?"

그가 쭈뼛쭈뼛 내게 묻더니 아주 좋은 생각이라고 이내 동의했다.

"물론이죠. 그렇게 하세요!"

나중에 그를 만나 나는 이렇게 말하며 격려했다.

"당신의 열정과 열의가 마음에 들어요. 그렇지만 당신에게 진심으로 조언을 드리고 기도를 해드리고 싶습니다. 앞으로 언젠가 사람들이 당신을 두고 혼자 힘으로 출세했다거나 저돌적인 힘으로 군중들을 밀치고 스스로 각광을 받았다고 말하지 않기를 진정으로 소망하면서 기도합니다. 하나님께서 당신을 쓰기를 원하시면 문을 열어주실 것입니다!"

무릇 마음이 가난하고 심령에 통회하며 내 말을 듣고 떠는 자 그 사람은 내가 돌보려니와 사 66:2

이 말씀은 내가 가장 좋아하는 성경구절 가운데 하나이다. 역설적인 성경의 진리인 그 말씀은 앞서가려면 사람들의 주목을 받아야 한다고 우리에게 말하는 세상의 방식에 반대한다. 사람들의 주목 대신에 하나님의 주목과 시선을 받기를 원한다면 하나님과 하나님의 말씀에 흔들리지 않고 전념하는 마음과 조용한 겸손의 마음을 가져라! 그리하면 하나님의 주목과 시선을 받을 수 있을 것이다. 당신은 하나님의 주목을 받기를 원하는가? 은혜롭게도 하나님께서는 겸손해진 교만한 자들을 통해 일하신다.

한 해를 보내며   오성규

모든 걸 훌쩍 보내고 나면
무엇이 남는가?

목숨을 건 아픔으로
나의 삶을 여신 어머님의 사랑은
얼마나 큰 것이었나

오늘도 기다리시며
돌아오라 이르시는 주의 사랑은
언제까지나 넘치실까

바쁘단 핑계로
대강 보고 듣고 느끼다 보니
헤쳐 지나온 길은 보이지 않고
문득 해지는 들녘에 홀로선 마음

사랑하리라 감사하리라 다짐은 했지만
사랑은 짧고 무관심은 길고
감사는 짧고 불만은 길고
이제 연습할 시간은 없는데
다가오는 마지막 증언의 시간

함께 아프지 않고
서글프지 않고
외롭지 않은 것 미안해지고

갚을 길 없는 사랑의 빚만
해마다 쌓여가는데

봄눈 녹는 날
모란의 새순 돋는 날까지
그 사랑으로 오래 참아주시면
난 다시 다짐하리라
어린아이의 눈빛으로 당신을 찾으리라
꽃 이파리 한잎까지 눈여겨 보며
쉰 목소리로 노래하리라

이웃과 형제에게
구원의 기쁨을 전하리라
영원한 삶을 전하리라
다시 한번 반가운 인사를 나누리라

그리고 오래 오래 기억 하리
한 해가 훌쩍 지나고 나면
무엇이 남는가를 ―

나를 내려놓고
하나님으로 채우는 삶

그는 흥하여야 하겠고 나는 쇠하여야 하리라 요 3:30

오직 한 번의 인생 속히 지나가되, 오직 그리스도를 위해 행해진 것들
만이 지속되리라!

_찰스 토머스 스터드(Charles Thomas Studd, 영국 출신의 선교사)

하나님의 눈으로 당신을 바라보라

우리 각자는 이 땅에서 살아갈 수 있는 딱 한 번의 인생이 있다. 나는
한 번뿐인 내 인생을 이끌어갈 중대한 사안들을 결정할 때마다 다음과

같은 세 가지 질문을 나 자신에게 물어왔다.

1. 내가 할 수 있는 '가장 중요하고 전략적인 것'이 무엇인가?
2. 그것을 행하기 위한 '가장 중요하고 전략적인 곳'은 어디인가?
3. 가장 중요한 그 일을 가장 필요한 그곳에서 행하기 위한 '가장 전략적이고 중요한 방법'은 무엇인가?

이 세 가지 질문에 대한 대답이 나를 일본 선교와 세계로잔운동으로 이끌었다. 당신은 이 질문에 어떻게 대답하겠는가? 어떻게 반응하겠는가?

아마 당신은 처음 그리스도인이 되었을 때 하나님께서 당신을 있는 모습 그대로 받아주시고 사랑해주신다는 것을 알았을 것이고, 당신이 어떤 자동차를 타고 다니거나 어떤 집에 살고 있거나 어떤 직장에서 일하거나 어떤 사람들을 알고 있는 것이 전혀 중요하지 않다는 것을 알았을 것이다.

그럼에도 당신은 원하는 명문 대학에 들어가지 못하고, 원하는 만큼의 키와 외모를 갖지 못하고, 원하는 만큼의 재력이나 지위나 용모를 갖춘 상대와 결혼하지 못하고, 원하는 만큼의 돈을 벌지 못해 인생의 실패자가 된 것 같은 느낌을 여전히 갖고 있을지 모른다. 그리고 그리스도를 위해 살려고 노력하지만 늘 죄에 허덕이고, 하나님을 위해 살려고 발버둥치지만 자주 넘어져 신앙생활에서도 실패자가 된 것 같은 느낌을 가질지 모른다. 그래서 하나님께서 실망스러운 표정으로 당신을 바라보실 것 같다는 생각을 할지도 모른다.

그러나 이제부터는 하나님의 눈으로 당신 자신을 보기 바란다. 그리고 그것을 결코 중단하지 말라. 하나님께서는 당신을 실패자로 간주하지 않으신다. 그분은 자신의 아들 예수님을 받아주시는 것에 못지않게 당신을 받아주신다. 하나님께서는 당신에게 실망하지 않으실 뿐만 아니라 예수 그리스도께서 이 땅에서 살아가시는 동안에 보이신 모든 선함과 순종과 사랑이 마치 당신에 의해 행해진 것인 양 당신의 삶을 흡족하고 자랑스럽게 여기신다.

당신이 가장 잘하는 시기에는 하나님께서 당신을 더 받아주시고, 가장 못하는 시기에 덜 받아주신다고 믿는다면, 당신은 무슬림이지 그리스도인이 아니다. 당신이 잘하는 시기에 더 의로워지고 못하는 시기에 덜 의로워진다고 믿는다면, 당신은 바리새인이지 그리스도인이 아니다. 당신이 잘하는 시기에 하나님께 더 사랑스러워지고 못하는 시기에 덜 사랑스러워진다고 믿는다면, 당신은 고아이지 하나님의 자녀가 아니다.

그리스도인들이여! 나는 하나님께서 당신에 대해 어떻게 느끼시는지 정확히 잘 알고 있다. 당신은 완벽하게, 하나님에 의해 더없이 완벽하게, 영원히, 일말의 주저함 없이, 추호의 의심 없이, 정도나 등급을 따질 수 없게, 무조건적으로, 부정할 여지없이, 반박할 여지없이 사랑받고 있다.

그것이 복음이다. 하나님께서는 예수 그리스도와 관련하여 사랑하시고 받아주시는 모든 것들을 당신과 관련해서도 똑같이 사랑하시고 받아주시며, 예수 그리스도에 대해 느끼는 모든 것들을 당신에 대하여도 똑같이 느끼신다. 당신의 최악의 순간에도 예수 그리스도의 의가 당신의 의가 되고, 예수 그리스도의 하나님의 아들 되심이 당신의 아들 됨이 된다.

그러니 당신의 잘못과 실패로 끙끙 고민하지 말고 그리스도의 승리 안에서 살라. 실패에 대한 두려움을 토대로 결정하지 않으면 당신의 삶이 엄청나게 달라질 것이다. 그리스도인들이 실패에 대한 두려움이 아니라 믿음을 토대로 결정하면 이 세상은 몰라보게 달라질 것이다.

하나님께서 세상을 사랑하시고, 축복하시고, 변혁시키시기 위해 우리 같은 실패자들을 정말 유용하게 들어 쓰실 수 있다는 사실이 그저 경이롭고 감격스럽다. 그리고 하나님께서는 당신도 들어 쓰실 수 있으시다.

그리스도를 위해 내 야망을 버려라

이 책에서 나는 성공과 출세와 위로와 명예를 금식하는 것에 대해 말했다. 하지만 그렇다고 내가 그리스도인의 특별함을 무시한다는 것은 아니다. 나는 선교와 삶에서의 특별함을 적극 지지한다. 어찌된 일인지 선교사들은 타국에서 복음을 전하는 것 이외에 다른 어떤 것도 할 줄 모르는 사람들이라거나 혹은 본국에서 성공적인 사역을 펼칠 능력이 없는 사람들이라는 개념이 지난 수십 년 동안 교계에서 발전되어 왔다.

하지만 나는 하나님께서 오늘의 교회에게 가장 좋은 자원들을 준비하여 선교 현장에 보냄으로써 이 시대의 가장 중대한 영적 과업을 수행하라고 명하고 계시다고 믿는다. 프랜시스 사비에르(Francis Xavier, 인도, 일본, 인도네시아 등지에서 사역한 로마가톨릭 선교사)도 그와 같은 맥락에서 최고의 교육을 받아 멋지고 편안한 인생을 살아갈 수 있는 기회를 갖고 있는 사람들에게 말한다.

"작은 야망을 버리고 그리스도의 복음을 전하기 위해 동쪽으로 오라고 학생들에게 말하십시오!"

조지 휫필드(George Whitefield, 1714-1770. 영국 출신의 복음전도자, 부흥사)는 옥스퍼드 대학에서 교육을 받았다. 아마 그는 18세기의 가장 위대한 설교자의 한 사람이라고 칭하기에 손색이 없을 것이다. 일반적으로 사람들은 내 모교인 펜실베이니아대학의 창립자가 벤자민 프랭클린이라고 생각하고 있다. 하지만 1740년에 제정된 펜실베이니아대학 교육헌장은 원래 조지 휫필드가 가난한 학생들을 돌보고 교육하기 위해 제정한 것이다(펜실베이니아대학은 이런 사실을 근거로 그 학교가 미국에서 가장 오래된 대학이라고 자랑하고 있다).

조나단 에드워즈(Jonathan Edwards, 미국의 목회자, 신학자, 원주민 선교사)는 열두 살에 예일대학에 들어갔고, 나중에 프린스턴대학의 총장이 되었다. 그 또한 훌륭한 설교자였다.

더 작은 야망을 가지라는 말이 아니다. 더 큰 포부를 품으라는 말이다. 영원의 시각을 갖고 우리의 포부를 계속 키워나가자는 말이다. 교육은 중요하다. 하지만 교육이 지독한 우상이 될 수가 있다. 그러나 또한 하나님의 크신 영광과 하나님의 세계 선교를 위해 대단히 유용하게 쓰일 수 있다. 부모님은 내게 최상의 교육 기회를 주기 위해 엄청난 희생을 감수했다. 그 기회들은 그 자체로 보면 도덕적으로 선하지도 악하지도 않았다.

하지만 내가 그렇게 배운 것들로 무엇을 하느냐 하는 것은 '내가 자아의 영광을 구하는 사람인가 아니면 하나님의 영광을 구하는 사람인가, 땅의 보상을 구하는 사람인가 아니면 하늘의 보화를 구하는 사람인가, 덧없는 성공을 좇는 사람인가 아니면 영원한 영향력을 좇는 사람인가' 하는 문제에 엄청난 차이를 가져왔다.

중요한 오직 하나

부모들 가운데는 자신의 자녀들을 일류 대학에 보내기 위해 자신들이 할 수 있는 그 어떤 것이라도 기꺼이 하는 이들이 정말 많다. 그들은 그것을 위해 엄청난 돈을 쓰고, 시간을 투자하고, 다른 많은 것들을 희생한다. 물론 이는 흑백논리로 판단할 간단한 문제는 아니다. 하지만 당신에게 이렇게 묻고 싶다.

"당신의 자녀들이 지옥에 가든지 말든지 오로지 명문 대학에 들어가게 하는 데 당신의 인생 전체를 바치는 게 과연 그럴만한 가치가 있는 일입니까?"

이는 양자택일의 문제는 분명 아니다. 일류 대학에 다니면서 그리스도를 신실하게 따르는 젊은이들이 없는 게 아니다. 하지만 아무래도 우리의 행동과 태도는 우리 자녀들이 지옥을 피하거나 천국을 구하게 하는 것보다 그들을 일류 대학에 가게 하는 걸 훨씬 더 중요하게 여기고 있다는 것을 드러낸다.

만약에 당신이 현재 자녀들의 교육적, 직업적 성공을 위해 투자하고 있는 시간과 돈과 노력을 자녀들의 마음과 정신과 생각과 영을 양육하는 데 쏟는다면 어떤 결과가 나올까? 그들이 예수님의 제자의 길을 가도록 훈련시키는 데 투자한다면 어떤 결과가 나올까? 그럴 때 아이들에게 어떤 영원한 영향을 끼치게 될까? 그럴 때 당신의 아이들은 어떤 아이들이 될까?

나는 한 아버지로서 우리 집 아이들과 영원에 대해 생각할 때, 중요한 것은 오직 하나뿐이라는 것을 깨닫는다. 나는 영원의 시간을 그들과 함께 보내고 싶다. 다른 어떤 것도 중요하지 않다. 물론 나는 그들이 좋은 대학에 가기를 바란다. 그리고 의료계이든 법조계이든 사역 분야든 어떤 영역에서 일하든지 특출하기를 바란다. 특별히 나는 그들이 영원의 세계에 가장 큰 영향을 끼치는 방식으로 살기를 소망한다. 그러나 마지막 날이 이르렀을 때 가장 중요한 것은 우리가 영원토록 함께하리라는 사실일 것이다. 나는 그날을 손꼽아 기다린다. 그리고 이 땅에서 할 수 있는 한 최선을 다해 그 아이들을 사랑하기를 원한다.

그리스도를 위해 야망을 가져라

일본에 '소년이여 야망을 가져라!'는 명언이 있다. 이는 윌리엄 클라크(William Clark)의 명언이다. 1800년대 후반에 미국 매사추세츠대학 농과대학 학장을 지낸 그는 일본 삿포로 농학교의 초빙으로 약 8개월 동안 일본에서 학생들을 가르쳤고, 그 기간 동안에 자신이 가르치던 학생들 거의 대부분을 그리스도께 인도했다. 요즘에도 일본 음식점에 가면 그 글귀가 가끔 보인다. 그러나 이 명언은 원래의 온전한 형태가 아니다. 왜냐하면 그가 일본에서의 임기를 끝마치고 퇴임 연설을 했을 때 자신의 학생들을 바라보면서 원래 했던 말은 "소년이여, 그리스도를 위해 야망을 가져라!"였기 때문이다.

그리스도를 위해 야망을 갖는다는 것이 무엇일까? 그것은 당신 안에서 은혜롭게 역사해달라고 하나님을 초대하는 것이다. 당신의 죄를 자백하는 것이고, 당신의 미덥지 못함을 인정하는 것이고, 우상을 섬겼던 잘못을 뉘우치는 것이고, 당신이 사랑하는 것보다 당신을 더 사랑해주시는 유일하신 그분의 사랑을 받는 것이다.

그것은 당신인데도 불구하고 은혜롭게 역사하시는 하나님을 겸손하게 증언하는 것이다. 미운 사람들을 사랑하는 것이고, 단연코 원하지 않는 것들을 기꺼이 행하는 것이고, 실패의 위험을 감수하는 것이고, 실패로부터 배우는 것이다.

당신을 통해 은혜롭게 역사하시는 하나님께 경탄하는 것이다. 당신의 떡 다섯 덩이와 물고기 두 마리를 하나님께 바치는 것이고, 하나님께 받은 선물들을 잘 활용하여 하나님의 이름을 드높이는 것이고, 당신의 가족을 신실하게 사랑하는 것이고, 모든 영광을 하나님께 올리는 것이다.

우리는 누구인가?

로잔운동은 소집하고, 협력을 장려하고, 내용물을 만들어내는 능력을 통해 영향력 있는 적절한 인물들과 아이디어들을 세계 선교를 위해서 서로 연결하는 복음주의 지도자들의 신뢰성 있는 연결망이다.

로잔운동은 1974년 빌리 그레이엄(Billy Graham) 목사와 잭 데인(Jack Dain) 주교에 의해 스위스의 로잔에서 소집된 '세계복음화에 관한 국제대회'에서 성장했다. 존 스토트(John Stott)가 '로잔 언약'(Lausanne Covenant, 1974년 제1차 로잔대회에서 채택한 기독교 신앙고백)의 주요부분들을 입안했다.

우리는 무엇을 하는가?

로잔은 영향력 있는 인물들과 아이디어들을 세계 선교를 위해서 연결한다. 로잔이 지향하는 세계 선교는 아래와 같다.

- 모든 이들을 위한 복음 전파
- 모든 이들을 위한 복음주의적 교회 설립
- 모든 지역교회들을 위한 그리스도를 닮은 지도자들 배출
- 사회의 전 영역에 하나님나라의 영향을 끼치기

우리는 어떻게 하는가?

- 하나님 백성들을 통해 관계적으로, 협력적으로 사역한다.
- 모든 면에서 구체적으로, 전인적으로 행한다.
- 모든 곳에서 지역적으로, 세계적으로 행한다.
- 오직 예수님의 인도를 따라 기도하고 의지하면서 행한다.
- 세상이 그리스도를 알도록 성경적으로, 소명을 갖고 행한다.
- 로잔은 세상이 예수님을 알 수 있도록 그리스도의 몸 된 교회를 통해, 모든 곳에서.

• 모든 면에서, 오직 그리스도의 인도하심을 따라 가장 적합한 사람들과 자원들과 아이디어들을 서로 연결한다.

무엇을 What : 연결하는 것을
누가 Who : 복음주의적으로 영향력을 가진 사람들이
어디에서 Where : 모든 나라들과 삶의 모든 영역에서
어떻게 How : 그리스도의 인도를 따라
언제 When : 지금 그리고 예수님이 오실 때까지
왜 Why : 세상이 그리스도를 알도록

우리는 왜 서로 연결되어 있는가?
복음 전체를 세상 전체에 가져다주라고 교회 전체에 촉구하기 위해서 연결되어 있다.

로잔운동의 중요성
모든 사람들을 위한 복음, 모든 사람들을 위한 복음주의적 교회, 모든 지역 교회들을 위한 그리스도를 닮은 지도자들, 사회의 모든 영역에 하나님나라의 영향을 끼치는 것을 근간으로 하는 세계 선교이다.

로잔이 시작한 핵심 아이디어들
• 1974년에 스위스 로잔에서 개최된 제1차 로잔대회에서는 '미전도 종족 집단' 개념과 '전인적 선교' 개념이 도입되었다. 복음과 도심문화에 대해 획기적으로 연구하고 무슬림, 유대인, 힌두인, 중국인들에게 실제적으로 손을 뻗는 것이 로잔의 선교 정책이자 실천 사항이다.

- 1989년에 필리핀 마닐라에서 개최된 제2차 로잔대회에서는 '10/40 창' 개념과 그 지역의 절박한 영적 필요성이 제시되었다. 현재 미전도 종족 집단에게 손을 뻗기 위한 새로운 전략들이 보완되고 있다.

- 2004년에 태국의 파타야에서 개최된 세계복음화를 위한 공개토론회에서는 선교로서의 사업, 세계화, 대중매체, 복음, 읽고 쓸 줄 모르는 사람들에게 말로 복음을 전하는 것, 대다수 교회의 변화하고 있는 역할 등의 주제들이 논의되었다.

- 2010년 남아프리카공화국 케이프타운에서 개최된 제3차 로잔대회에서는 읽고 쓸 줄 모르는 사람들과 소수이교집단에게 복음을 증진시키는 것과 직장과 학교와 공공광장을 포함한 사회의 모든 영역에서 복음을 증진시키는 것이 전 세계 교회를 위한 향후 10년의 의제와 더불어 논의되었다.

로잔 운동에 영향을 받은 지도자들

랄프 윈터(Ralph Winter), 레이튼 포드(Leighton Ford), 새뮤얼 에스코바(Samuel Escobar), 르네 파딜라(Rene Padilla), 라메즈 아탈라(Ramez Atallah), 페미 아델리에(Femi Adeleye), 더그 버드셀(Doug Birdsall), 존 파이퍼(John Piper), 폴 보스윅(Paul Borthwick), 제인 크레인(Jane Crane), 피터 쿠즈믹(Peter Kuzmic), 아지스 페르난도(Ajith Fernando), 엘케 베르너(Elke Werner), 칼리스토 오데데(Calisto Odede), 크리스 라이트(Chris Wright), 마이클 오(Michael Oh), 그레이스 샘슨 송(Grace Samson-Song), 존 아즈마(John Azumah), 제이슨 맨드릭(Jason Mandryk), 나나 야우 오페이 아우쿠(Nana Yaw Offei Awuku), 수잔 펄먼(Susan Perlman), 탐 린(Tom Lin), 루이스 부시(Luis Bush), 더들리 우드베리(Dudley Woodberry), 필 버틀러(Phill Butler), 빌 존스(Bill Jones), 테드 야마모리(Ted Yamamori), 베키 피퍼트(Becky Pippert), 린제이 브라운(Lindsay Brown), 젝 데인 주교(Bishop Jack Dain), 패트릭 펑(Patrick Fung), 패트릭 존스턴(Patrick Johnston), 조지 버워(George Verwer), 존 츄 주교(Bishop John Chew), 에프라임 텐데로 주교(Bishop Efraim Tendero), 화 융 주교(Bishop Hwa Yung), 대니얼 보다네(Daniel Bourdanne)

로잔의 연계기관

AD 2000
International Orality Network
Mission America Coalition
Adopt-A-People Movement
Alliance 2:29
Business as Mission Network
Global Children's Forum
Tentmakers International
Global Diaspora Network
Holistic Mission Network
Care and Counsel as Mission
Lausanne Committee for Jewish Evangelism
Arrow Leadership
Freedom to Lead
Latin America Theological Fellowship
기타 지역적인 연계망과 선교 기관들

로잔운동을 후원하는 방법
국민은행 387201-01-126779 (예금주 : AhnMira_Lausanne)

일본의 그리스도성경연구소(CBI)와
그리스도성경신학교(CBS)를 후원하는 방법
신한은행 110-267-156035 (예금주 : 정용규)

I'm nothing 나는 아무것도 아닙니다

초판 1쇄 발행	2014년 7월 7일
초판 5쇄 발행	2018년 7월 31일

지은이 　마이클 오
옮긴이 　배웅준

펴낸이 　여진구
책임편집 　김아진
편집 　안수경, 최현수, 이영주, 김윤향
디자인 　마영애, 노지현, 조아라
기획·홍보 　김영하　　　　　　해외저작권 　기은혜
마케팅 　김상순, 강성민, 허병용　　마케팅지원 　최영배, 정나영
제작 　조영석, 정도봉　　　　　경영지원 　김혜경, 김경희

이슬비전도학교 　최경식　　　　　　303비전성경암송학교 　박정숙
303비전장학회 & 303비전꿈나무장학회 　여운학

펴낸곳 　규장

주소 　06770 서울시 서초구 매헌로 16길 20(양재2동) 규장선교센터
전화 　02)578-0003　팩스 02)578-7332
이메일 　kyujang0691@gmail.com　　홈페이지 www.kyujang.com
페이스북 　facebook.com/kyujangbook　인스타그램 instagram.com/kyujang_com
카카오스토리 　story.kakao.com/kyujangbook
등록일 　1978.8.14. 제1-22

책값 　뒤표지에 있습니다.
ISBN 978-89-6097-360-2 03230

규 | 장 | 수 | 칙

1. 기도로 기획하고 기도로 제작한다.
2. 오직 그리스도의 성품을 사모하는 독자가 원하고 필요로 하는 책만을 출판한다.
3. 한 활자 한 문장에 온 정성을 쏟는다.
4. 성실과 정확을 생명으로 삼고 일한다.
5. 긍정적이며 적극적인 신앙과 신행일치에의 안내자의 사명을 다한다.
6. 충고와 조언을 항상 감사로 경청한다.
7. 지상목표는 문서선교에 있다.

하나님을 사랑하는 자 곧 그의 뜻대로 부르심을 입은 자들에게는 모든 것이 合力하여 善을 이루느니라(롬 8:28)

 Member of the Evangelical Christian Publishers Association

규장은 문서를 통해 복음전파와 신앙교육에 주력하는 국제적 출판사들의 협의체인 복음주의출판협회(E.C.P.A:Evangelical Christian Publishers Association)의 출판정신에 동참하는 회원(Associate Member)입니다.